© 2025 - «BURN OUT» de Sacha PEIFFER

Tous droits de traduction, d'adaptation et de reproduction, totale ou partielle, pour quelque usage, par quelque moyen que ce soit, réservés pour tous pays.
En application de l'art. L.137-2.-I. du code de la propriété intellectuelle, toute reproduction et/ou divulgation de parties de l'oeuvre dépassant le volume prévu par la loi est expressément interdite

Couverture et mise en page : © Ben CUVELIER, CreateWow SRL - www.createwow.be
Crédit Photo couverture : © Marion Doumont
Crédit Photo Sacha et documents intérieurs : © E-net. - www.e-net.be

Édition : BoD - Books on Demand, 31 avenue Saint-Rémy, 57600 Forbach, bod@bod.fr
Impression : Libri Plureos GmbH, Friedensallee 273, 22763 Hamburg (Allemagne)
Dépôt légal : février 2025
ISBN : 978-2-8106-2707-3

Ce livre a été imprimé sur du papier issu de sources responsables sous le label FSC.

Sacha PEIFFER

BURN OUT

Sommaire

Le point de départ : Lustin	9
Rêveur passionné de communication	10
Nicolas, génie précoce de l'Internet	12
«Lustinouvelle», mon premier magazine	15
Lustin.be, prémisse d'une exposition médiatique	17
"Que font tous ces gens sur Internet ?"	19
Ma rencontre avec Nicolas en 1997	21
Succès international du site de Lustin	23
Création de l'entreprise avec des débuts difficiles	27
La rencontre d'un grand Homme qui a marqué son histoire à jamais	30
Nouveau départ de l'entreprise avec des concepts innovants	32
Le succès professionnel suivi du burn out en 2007	35
Découverte de la santé mentale et les neurosciences	40
Croissance de l'entreprise puis rechute : 2ème burn out en 2009	43
2ème burn out, nouvelle hospitalisation en 2009 et long parcours de reprise	47
L'étincelle d'un nouveau jour	53
Reprise progressive des activités professionnelles	56
Chemin vers une vraie guérison du burn out grâce aux avancées technologiques et scientifiques	59
Une rencontre marquante et décisive	61
Détection du burn out chez Nicolas suivi d'un plan d'actions	63
Burn out : les différentes pathologies	66
Points communs entre les différents types de burn out	71

Les 9 formes du burn out professionnel — 72

- Burn out par surcharge de travail — 76
- Burn out par manque de reconnaissance — 81
- Burn out par perte de sens (ou existentiel) — 86
- Burn out relationnel — 91
- Burn out par surcharge émotionnelle — 96
- Burn out par manque de contrôle — 101
- Burn out par isolement — 106
- Burn out par conflit de rôle — 111
- Burn out en phase de changement — 116

Redonner du sens à sa vie entrepreneuriale malgré un burn out — 121

- 2022 : Une 3ème rechute du burn out évitée de justesse — 130
- 2023 : Une année investie pour contribuer à l'action sociétale — 139

Perspectives du burn out en 2030 - 2035 — 144

- L'urgence d'agir dans un monde en mutation — 146
- Un enjeu d'inclusion et de santé publique — 149

Diagnostic P-quid® Risk en 10 questions — 151

- Profil Risk 1 : Perfectionnistes — 153
- Profil Risk 2 : Altruistes — 156
- Profil Risk 3 : Créatifs — 159
- Profil Risk 4 : Super performants (Workaholics) — 161

Trouver ton équilibre — 165

Une quête de sens pour un avenir équilibré — 168

Le point de départ : Lustin

Ce livre n'est ni une biographie, ni un exutoire nostalgique. Cependant, il me semblait utile et contextuellement pertinent de partager avec vous, brièvement, le cadre de ma rencontre avec Nicolas Pourbaix.

Tout commence dans un petit village de Belgique, situé à une cinquantaine de kilomètres de Bruxelles. Lustin s'étend sur des falaises surplombant la Meuse, à l'orée des Ardennes. Entouré de forêts denses et de paysages vallonnés, ce village offre une vue panoramique sur la vallée de la Meuse, avec ses sentiers de randonnée serpentant à travers les bois et ses routes escarpées qui relient les hameaux environnants.

Le village, de taille modeste, est un lieu empreint d'histoire. Ses maisons en pierre, typiques de la région, semblent figées dans le temps, témoins silencieux des époques passées. Le clocher de l'église Saint-Remacle, qui domine le village, marque l'un des points de repère les plus anciens de Lustin, rappelant aux habitants la continuité et la tradition.

Lustin n'est pas seulement une belle carte postale; c'est aussi un village vivant, où les échanges entre villageois et la vie associative sont intenses. Les cafés et commerces locaux sont autant de lieux de rencontre où les habitants échangent nouvelles et sourires. Par exemple, bien des villages lui envient sa kermesse locale qui, chaque week-end de Pentecôte, attire des milliers de fêtards venus de bien au-delà des «frontières» de l'entité. C'était ainsi dans les années 1990, époque où nos chemins se sont croisés avec Nicolas. Et c'est encore vrai aujourd'hui.

Cette dimension communautaire jouera un rôle crucial dans notre histoire, mais nous y reviendrons plus tard.

Rêveur passionné de communication

Je nais à Namur, vers la fin des années septante. A Lustin, entouré de ma fratrie et de mes cousins, je passe des journées à inventer de nouveaux univers. Lors des réunions familiales, alors que les autres enfants jouent ensemble, on me retrouve souvent dans un coin du salon, captivé par les récits des adultes. Une remarque anodine de ma tante reste gravée dans ma mémoire : « Alors, jeune homme, tu veux devenir journaliste ou philosophe ? » Elle avait dit cela en riant, mais pour moi, c'était bien plus qu'une simple question. Ce jour-là, une étincelle s'était allumée : et si communiquer devenait ma manière d'essayer de changer le monde ?

Avant mes 12 ans, mon imagination et ma créativité débordantes guident mon quotidien. Profondément attaché au clan familial, j'essaye de comprendre le monde en écoutant attentivement les conversations animées des adultes. Chaque discussion est pour moi une source d'inspiration, une opportunité d'absorber des fragments de sagesse et de connaissances.

Très tôt, j'ai découvert une passion dévorante pour la communication et l'information. Que ce soit au fond du jardin ou en écoutant la radio à la cuisine, je m'immerge dans cet univers fascinant. Dès que j'en ai l'occasion, j'emprunte les premiers caméscopes et appareils photo à ma portée, me lançant avec enthousiasme dans la création de journaux d'informations ou de romans-photos que je projette fièrement sous forme de clips vidéo ou de diapositives.

À 15 ans, j'ai transformé le grenier de notre maison en un véritable laboratoire de développement photo argentique. Cet espace, un sanctuaire à mes yeux, me permet d'immortaliser tout ce qui attire mon regard : les naissances de chatons du foyer, les expressions délicates de mes grands-parents, ou encore les paysages boisés que je parcours lors de mes randonnées. Chaque image capturée est une tentative de raconter une histoire, de figer un instant qui a du sens.

Mais ma passion pour la communication ne s'arrête pas là. Parallèlement, je m'engage dans le bénévolat, notamment au sein de la Croix-Rouge de Belgique et dans les hôpitaux. C'est probablement une autre manière pour moi de me connecter avec les autres, d'écouter, d'apprendre, et de partager. Ces expériences enrichissantes me permettent à l'époque de voir le monde sous un autre angle, d'apprécier la puissance des mots et des gestes dans la création de liens humains.

Avec le recul, je réalise que ces années ont forgé les bases de ce qui allait devenir ma vocation. Communiquer, raconter des histoires, créer des liens : c'était, et cela reste, ma manière de contribuer au monde qui m'entoure.

Nicolas, génie précoce de l'Internet

Nicolas voit le jour en 1983, une année marquée par une coïncidence notable : c'est alors que naît le système DNS (Domain Name System), cette «trame» essentielle qui permet de diriger les utilisateurs web vers la bonne source via un nom de domaine. Une sorte de présage technologique, qui sait, pour celui qui allait devenir un pionnier de l'Internet…

Issu d'une famille de classe moyenne, Nicolas Pourbaix est l'aîné de trois frères. Il partage son enfance avec Benjamin, son cadet d'un an, et Simon, le benjamin de la fratrie, né 14 ans après lui.

Nicolas grandit dans un foyer où l'innovation technologique occupe une place centrale. Son père, technico-commercial spécialisé dans les techniques spéciales, travaille avec des équipements électriques variés, allant de la parlophonie à la vidéophonie en passant par la domotique. Passionné par son métier, il intègre l'informatique dans ses projets pour concevoir et présenter des solutions innovantes à ses clients.

Enfant, Nicolas observe avec admiration cet esprit inventif. Il garde en mémoire les heures passées à regarder son père manipuler des machines ou à l'écouter expliquer, avec enthousiasme, les avancées technologiques de l'époque. Ces moments privilégiés ont nourri sa curiosité et éveillé son goût pour l'innovation, jetant les bases de son futur parcours entrepreneurial.

Nicolas n'oublie pas non plus l'attention et la bienveillance de sa maman, toujours présente pour veiller au bien-être de ses enfants. Courageuse et attentive, elle a su offrir à chacun le soutien nécessaire pour grandir avec confiance et ambition, forgeant ainsi des valeurs familiales solides qui ont accompagné Nicolas tout au long de son cheminement.

Dès l'âge de 8 ans, Nicolas montre un intérêt précoce pour l'informatique en tapotant sur un Amiga Commodore, un des premiers ordinateurs personnels destinés au grand public. Ce vieil ancêtre des PC modernes devient rapidement son outil d'exploration, un portail vers un monde où l'information et la technologie se rejoignent. Tout comme moi, il développe une passion pour l'information, mais son médium de prédilection est la vidéo.

Un enfant peut avoir plein de passions : culture, sport… Nicolas découvre un intérêt pour la musique. La variété française l'émerveille, en particulier Francis Cabrel. Sa chanson préférée ? « Je t'aimais, je t'aime et je t'aimerai. » Inspiré par sa maman, qui jouait « Les jeux interdits » à la guitare, Nicolas décide de relever un défi personnel : apprendre à jouer « Je t'aimais, je t'aime et je t'aimerai. » En cachette, il emprunte l'instrument familial. Après de longues heures d'entraînement et l'aide d'un musicien habitant à quelques rues, il parvient à reproduire parfaitement la mélodie.

En milieu scolaire, Nicolas évolue en internat. C'est là qu'il continue à cultiver cette passion. Il s'enferme souvent dans sa chambre pour écouter et analyser les paroles et mélodies des chansons de Cabrel. Déterminé à progresser, il demande même à son école un espace dédié pour jouer de la guitare, chanter, et approfondir son apprentissage musical. Cette période révèle un Nicolas à la fois sensible et créatif, deux qualités qui marqueront sa vie professionnelle et personnelle.

> Dans les années 1990, seuls 1,5 % des ménages belges étaient connectés à Internet, selon des rapports de l'Union internationale des télécommunications (UIT)*

Une anecdote marquante illustre sa curiosité technologique : à 10 ans,

---

* Union internationale des télécommunications : https://www.itu.int/

il présente à un voisin une animation vidéo qu'il a lui-même créée en ajoutant des titrages et des effets sonores rudimentaires. Impressionné par la créativité de l'enfant, le voisin réagit : « Tu es sûr que tu n'as pas eu de l'aide pour faire tout ça ? ». Ce commentaire, bien que maladroit, renforce la détermination de Nicolas à explorer davantage ce domaine.

Mais revenons sur cette passion pour la musique. Nicolas raconte qu'allumer la lumière de la salle de bain de ses parents déclenchait automatiquement la radio sur La Première (RTBF). Ce détail, anodin pour certains, l'a toujours marqué. Un samedi matin de 1995, alors qu'il prend sa douche, il entend les informations suivies d'une chanson qui capte immédiatement son attention : «Plus que tout au monde» de Pascal Obispo. Fasciné par la mélodie et les paroles, il convainc ses parents de l'emmener chez un disquaire à Namur pour acheter l'album d'Obispo, encore peu connu du grand public à cette époque.

Arrivé sur place, une petite frustration l'attend : le disque n'est pas en stock. Mais cela ne l'arrête pas. Déterminé, Nicolas passe commande et reçoit l'album quelques semaines après. Ce premier contact avec la musique d'Obispo laisse une impression durable. Deux ans plus tard, en 1997, Nicolas réalise un rêve en assistant à un concert de Pascal Obispo aux Francofolies de Spa. Ce cadeau, qu'il qualifie d'inoubliable, reste gravé dans sa mémoire comme un moment d'émotion et d'inspiration intense. Cet événement scelle définitivement son admiration pour l'artiste, dont il devient un vrai fan.

« Lustinouvelle », mon premier magazine

En 1993, alors que je n'avais que 16 ans, je me suis lancé dans une nouvelle aventure. Armé d'un PC déjà largement obsolète pour l'époque — que j'avais réussi à acheter avec mes maigres économies — je me suis mis à bricoler. Ce n'était pas le codage qui me fascinait, mais plutôt la possibilité de diffuser de l'information localement, de créer un lien entre les habitants de Lustin.

Mon objectif était clair : mettre en place un outil d'information de proximité, accessible et pertinent, qui reflète les préoccupations et les événements de notre petite communauté. Avec un logiciel de mise en page basique, je me suis attelé à la tâche et ai créé «Lustinouvelle», un modeste magazine dédié aux «nouvelles de Lustin».

Pour le premier numéro, je n'ai pas eu à chercher bien loin pour trouver un sujet brûlant. À l'époque, les villageois étaient préoccupés par un projet controversé : l'exploitant d'une carrière locale envisageait d'agrandir ses activités, ce qui risquait de «défigurer» un segment de la vallée mosane, un trésor naturel cher aux habitants. Avec une plume encore maladroite mais déjà affûtée, j'ai rédigé des articles qui ont capté l'attention de la communauté.

Les premiers exemplaires de «**Lustinouvelle**» ont été vendus dans deux commerces locaux qui ont généreusement accepté de soutenir mon projet :

- **La boucherie Christian Dochain**, réputée, par la suite, pour ses saucissons artisanaux. Le «LUSTINAIN», un saucisson de porc et de bœuf fumé à la sciure de hêtre, et le «LUSTINOIX», un saucisson pur porc agrémenté de noix, sont recommandés pour les apéritifs et attirent des amateurs bien au-delà du village.

- **La boulangerie de Frédérique et Jean-Baptiste Basso,** un établissement qui, malheureusement, n'existe plus aujourd'hui. Après la fermeture de leur boulangerie, ce couple a ouvert l'épicerie du village, une activité aujourd'hui reprise avec succès par leur fils Martin.

Contre toute attente, chaque numéro de «Lustinouvelle» s'écoulait à 200 exemplaires. Pour un jeune entrepreneur en herbe comme moi, c'était un succès inattendu et profondément motivant. Le magazine est rapidement devenu un véritable point de référence pour les villageois, incarnant (je l'espère en tout cas !) la voix de notre communauté et reflétant ses préoccupations.

Je me souviens des réactions des habitants lorsqu'ils lisaient les premiers exemplaires. Certains me remerciaient pour avoir mis en lumière des sujets importants, tandis que d'autres me proposaient des idées d'articles ou me partageaient des photos et documents anciens pour enrichir les prochains numéros. Ces échanges, empreints de solidarité et de fierté collective, m'ont profondément marqué et ont renforcé ma détermination à poursuivre dans cette voie.

Ce cadre, à la fois paisible et vibrant, n'était pas seulement le décor de mes premiers pas dans le monde de la communication ; c' était aussi le terreau fertile où germeraient des idées qui allaient, bien plus tard, transformer des vies. Mais avant cela, il fallait un premier pas, une première étincelle… et cette étincelle, c'était «**Lustinouvelle**».

Lustin.be,
prémisse d'une exposition médiatique

En 1995, alors que l'Internet en est encore à ses balbutiements et trois ans avant la naissance de Google, Nicolas, toujours avide de nouvelles connaissances, se plonge dans l'apprentissage des langages de programmation. Une amie virtuelle québécoise l'aide à franchir les barrières géographiques et culturelles, partageant des ressources et des conseils précieux. Cette connexion à distance, exceptionnelle pour l'époque, lui ouvre de nouvelles perspectives et nourrit sa détermination sans limites.

Perché sur le (trop grand) siège de bureau de son père, Nicolas passe des heures à coder, à lire, à se tromper, et à recommencer, sans jamais se décourager. Encouragé par son père, technico-commercial passionné par les technologies, il découvre un monde de possibilités. «Je me souviens encore de ce jour où j'ai actualisé ma page pour la première fois et où, quelques secondes plus tard, j'ai vu mon site apparaître sur l'écran. C'était comme si tout le village de Lustin venait de prendre vie sur Internet. J'étais fier, mais aussi nerveux à l'idée que d'autres personnes puissent le voir. Quand les premières visites ont commencé à arriver, je n'y croyais pas. J'ai même noté chaque visiteur dans un carnet, comme un trésor précieux», se souvient Nicolas.

Quelques mois plus tard, son rêve devient réalité : il parvient à créer un «village virtuel» autour de sa localité, Lustin. À une époque où l'Internet est encore un territoire largement inexploré, son site voit le jour sous l'adresse www.multimania.com/lustin, l'une des premières plateformes d'hébergement gratuit.

Le site de Lustin, quant à lui, se distingue par son contenu unique et pionnier. D'après plusieurs observateurs, il est considéré comme le premier site web consacré à un village au monde, un exploit remarquable pour un adolescent autodidacte. Ce site s'articule autour de l'histoire de la localité, de sa vie commerciale, et des personnalités locales, comme le réalisateur Benoit Mariage, qui y résidait à l'époque. Ce dernier, touché par l'initiative, proposa même à Nicolas des anecdotes inédites sur la vie du village pour enrichir son contenu.

L'impact de ce projet dépasse rapidement les frontières de Lustin. Nicolas reçoit un jour un mail inattendu de la chanteuse Maurane, le félicitant pour cette initiative unique. D'autres personnalités, comme l'acteur Benoît Poelvoorde et le musicien André Brasseur, saluent également son travail en lui offrant des documents exclusifs et des interviews.

En 2001, alors que le web s'est massivement développé, www.multimania.com/lustin cède la place à un domaine propre : Lustin.be. Ce changement reflète l'évolution de l'Internet lui-même. En 1995, le web ne comptait que quelques milliers de sites. En 2000, ce nombre avait explosé pour dépasser les 17 millions. Nicolas, avec sa création, avait non seulement devancé une tendance mondiale mais avait aussi offert à son village une plateforme innovante, bien avant que l'Internet ne devienne le phénomène global qu'il est aujourd'hui.

Cette aventure médiatique précoce marque le début de l'exposition numérique de Lustin, et place Nicolas en avant-garde des pionniers du web.

"Que font tous ces gens sur Internet ?"

Remettons-nous dans le contexte de l'époque. Le World Wide Web (WWW), tel que nous le connaissons aujourd'hui, était encore un concept bien éloigné des préoccupations de monsieur et madame tout-le-monde. En 1991, l'ingénieur informaticien belge Robert Cailliau, en collaboration avec Tim Berners-Lee, avait mis en ligne la première page web pour le compte du CERN (Conseil européen pour la recherche nucléaire). Cette initiative visait à faciliter l'échange d'informations scientifiques, mais le potentiel du web était encore loin d'être compris par le grand public.

Au milieu des années 1990, l'accès à Internet chez les particuliers en était encore à ses balbutiements. Les universités et quelques avant-gardistes commençaient à entrevoir les possibilités offertes par ce nouveau réseau pour accélérer et simplifier la circulation des informations. Mais pour la plupart des gens, l'Internet restait un mystère, un objet de curiosité réservé à une poignée de passionnés.

En 1996, ma curiosité insatiable pour tout ce qui touchait à la communication m'a poussé à franchir une nouvelle étape : m'abonner à Skynet, l'un des rares fournisseurs d'accès Internet en Belgique. À l'époque, se connecter à Internet n'était pas chose simple ni rapide. Imaginez : votre PC compose un numéro de téléphone, plusieurs sonneries résonnent, suivies d'un concert bruyant de «bip bip» qui ressemble étrangement à celui des fax. Ensuite, le silence… et enfin, la connexion s'établit. Une porte s'ouvre alors sur un monde encore largement inexploré.

Pour moi, ce fut une révélation, une véritable découverte d'un nouveau territoire. Le chat en ligne, qui nécessitait souvent des logiciels complexes à installer, et les premiers sites d'information, encore très rudimentaires, constituaient des fenêtres vers des univers insoupçonnés. Le web, à cette époque, c'était comme un terrain vague où tout restait à inventer. Chaque nouvelle page que je découvrais donnait l'impression de poser une pierre sur un édifice colossal.

Lors d'un repas de famille cette même année, un ami scientifique exprima sa perplexité face à cette technologie émergente. «Je ne comprends pas, Sacha. À quoi ça sert, l'Internet ? Et pourquoi des gens passent-ils leur temps à créer des sites qui ne leur rapportent aucun revenu ?» Cette question, bien qu'empreinte de scepticisme, reflétait parfaitement l'état d'esprit de l'époque. Les transactions en ligne n'existaient pas encore pour le grand public, et le web était perçu comme un outil d'échange d'informations limité à des cercles restreints.

Moi-même, je n'avais pas encore toutes les réponses, juste une intuition. Pas de certitudes, mais une conviction intime : ce réseau qui émergeait allait changer le monde. Pas uniquement en tant qu'outil, mais comme une nouvelle manière de communiquer et de connecter les gens.

C'était un sentiment diffus mais profond. Un réseau global, où chacun aurait sa place, ouvrait des possibilités encore inimaginables. À cet instant, je savais que je voulais en faire partie, même si je ne comprenais pas encore toutes les implications de cette révolution naissante.

Ma rencontre avec Nicolas en 1997

Depuis la création de son site web consacré à Lustin, Nicolas avait acquis une multitude de compétences. La narration de l'histoire locale, la prise d'images, la recherche de sponsors, et la maîtrise des fonctionnalités techniques de programmation étaient devenues son quotidien. Chaque jour, il approfondissait ses connaissances et élargissait son réseau de contacts, rencontrant des personnes partageant la même passion pour l'Internet naissant.

Dans ce même village, à seulement quelques rues de là, je suivais un parcours différent, mais tout aussi captivant. J'avais 20 ans à l'époque, mais pas encore mon permis de conduire. Mon papa, mon plus grand soutien, me conduisait partout pour réaliser mes reportages et attendait patiemment que les photos soient développées. Mon père m'aidait énormément dans mes débuts, et ce soutien m'a donné une grande confiance en moi. Il attendait dans la voiture, parfois pendant des heures, alors que je réalisais mes prises de vue ou mes interviews. Ces moments, simples mais précieux, ont renforcé ma détermination à explorer ma passion pour la communication.

Autodidacte, j'avais déjà forgé une expérience solide en tant que correspondant pour un quotidien local depuis trois ans. Ma curiosité et, sans doute, un certain esprit d'initiative m'avaient permis de convaincre le chef de l'édition namuroise de me confier une mission ambitieuse : lancer la toute première rubrique consacrée à l'Internet local. Nous étions en 1997, et l'Internet venait tout juste de dépasser le cap du million de sites web. Le monde numérique était en pleine effervescence, et j'étais déterminé à explorer et à mettre en lumière cette nouvelle dimension.

C'est dans ce cadre que, en quête de sujets pour ma rubrique, je suis tombé par hasard sur le site de Lustin, consacré à mon propre village. Intrigué par le travail impressionnant de Nicolas, je n'ai pas hésité à le contacter pour lui proposer de mettre en valeur son portail dans le journal. Cette prise de contact allait marquer le début d'une collaboration, mais surtout d'une rencontre.

Lorsque nous nous sommes rencontrés pour la première fois, j'ai découvert que nous habitions à seulement deux kilomètres l'un de l'autre. Et pourtant, nos chemins ne s'étaient jamais croisés.

Pour Nicolas, cette rencontre fut tout aussi marquante. «Lorsque j'ai rencontré Sacha, carnet de notes et sourire aux lèvres, j'ai tout de suite su qu'on allait bien s'entendre, se souvient-il. Il posait mille questions, mais surtout, il comprenait ce que je voulais faire avec mon site. Il ne voyait pas seulement un projet technique, il voyait un moyen de connecter les gens.»

Je partageais un ressenti similaire. Rencontrer Nicolas, c'était découvrir un autre monde. Il avait cette façon de parler de l'Internet comme s'il s'agissait d'un terrain de jeu immense et d'une opportunité infinie. Je savais que notre collaboration serait le début de quelque chose d'important.

Cet article, qui fut le premier à parler de Lustin.be dans la presse, symbolisait bien plus qu'un simple projet journalistique. Ce fut le point de départ d'une amitié et d'une collaboration qui allait marquer nos parcours respectifs. Ce jour-là, nous avons réalisé que, bien que nos trajectoires soient différentes, elles se complétaient parfaitement.

Notre passion commune pour la communication et l'Internet nous a unis et a ouvert la voie à des projets ambitieux qui allaient, bien au-delà de ce que nous imaginions, transformer nos vies et, modestement, celles de notre communauté.

Succès international du site de Lustin

Le site de Lustin a débuté modestement, avec une quarantaine de pages web dédiées à l'histoire, la gastronomie, les événements locaux, et les légendes du village. À travers ce projet, Nicolas voulait capturer l'essence même de son village natal et la partager avec le monde.

En 1997, fort de son succès local, Nicolas décide de pousser le concept plus loin en transformant son site en un véritable «cyber-village». Son ambition dépasse désormais la simple documentation de la vie de Lustin : il veut offrir une expérience interactive et immersive aux visiteurs du monde entier.

Le concept du cyber-village inclut des fonctionnalités avant-gardistes pour l'époque :

- L'envoi de cartes de vœux virtuelles personnalisées avec des images du village.
- La consultation de l'actualité nationale et internationale.
- L'envoi de SMS, une nouveauté technologique encore peu courante.
- Des concours et quizz, la météo locale, un chat en ligne, des forums de discussion, et même la création de boîtes mail gratuites.

Ces services, novateurs pour leur époque, transforment le site de Lustin en une plateforme dynamique qui attire un nombre croissant de visiteurs. *«Je voulais que le site devienne un lieu où les gens, qu'ils soient de Lustin ou d'ailleurs, puissent interagir, s'informer, et se sentir connectés à notre village»*, évoque Nicolas.

En 1997, le site s'est enrichi de manière exponentielle, passant de 40 à plus de 150 pages. Il attire alors entre 15 et 20 visiteurs par jour, provenant des quatre coins du monde. Bien que ce chiffre puisse paraître modeste, il représente un intérêt croissant pour ce projet unique. Nicolas se souvient : *«Chaque visite me rappelait pourquoi je faisais tout cela. Chaque message envoyé ou carte virtuelle partagée était pour moi une petite victoire.»*

Mais c'est en 1998 que le véritable essor se produit : le cyber-village de Lustin* voit sa fréquentation exploser, atteignant plus de 3 000 visiteurs par mois. Le site devient un point de rencontre international pour ceux qui s'intéressent à ce petit village belge et à ses offres en ligne. Des expatriés belges à l'étranger découvrent le site et envoient des messages émouvants, remerciant Nicolas de leur permettre de «revoir» leur village natal.

Les habitants eux-mêmes, initialement sceptiques, s'enthousiasment face à cette initiative. Certains apportent des photos historiques ou des documents anciens pour enrichir encore davantage le contenu. Une habitante déclarait à l'époque : «*On a l'impression que Lustin fait partie du monde entier maintenant. C'est incroyable de voir notre village devenir célèbre grâce à Nicolas.*»

Le succès ne tarde pas à apporter des reconnaissances officielles. En 2000, à la grande surprise de Nicolas, son travail est reconnu au-delà des frontières. Il devient une référence dans le domaine des innovations web, recevant des récompenses prestigieuses en Belgique, en France, et aux États-Unis. Parmi ces distinctions, l'une des plus marquantes est le prix du Meilleur Webmaster francophone, une reconnaissance de son rôle novateur dans la mise en valeur des communautés locales à travers le numérique.

Cette soirée mémorable s'était déroulée au Mirano, une célèbre salle de Bruxelles. Nicolas s'y était rendu en train depuis la petite gare de Lustin, accompagné de son meilleur ami d'enfance, Germain Boon, et du petit frère de ce dernier. L'ambiance de la cérémonie était à la fois festive et solennelle, rassemblant des talents venus de toute la francophonie.

C'est lors de cet événement que Nicolas a rencontré Ray Lengelé, un illustrateur et dessinateur de grand talent qui avait également été récompensé ce soir-là dans la catégorie « design ». Le contact entre les deux hommes a été immédiat et chaleureux. Ray, déjà reconnu pour son style unique, allait par la suite bâtir une carrière impressionnante, remportant de nombreux prix et s'établissant à Montréal, au Canada.

* Reportage vidéo de l'époque sur le site de Lustin lors d'un JT :
https://www.nico-du-web.com/livre-burn-out-1

Disponible en scannant le QR-Code ci-contre.

En guise de cadeau et de clin d'œil à ce moment partagé, Ray Lengelé a dessiné pour Nicolas un petit singe espiègle baptisé Lousty, devenu la mascotte virtuelle du site de Lustin. «Ce dessin représentait tout ce que je voulais pour le site : une identité à la fois chaleureuse, amusante et connectée aux racines du village,» se souvient Nicolas avec émotion.

Ces reconnaissances et rencontres démontraient que même un petit village pouvait avoir un impact global grâce à la créativité, l'innovation, et la passion. «Je n'ai jamais imaginé que ce projet irait aussi loin. Mais plus qu'un succès personnel, c'était une preuve que le numérique pouvait connecter des mondes, rapprocher des gens, et raconter des histoires qui auraient autrement été oubliées.»

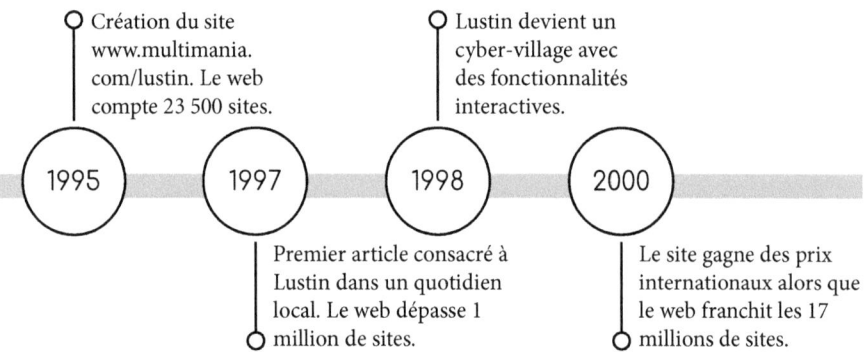

L'évolution fulgurante du Web : 1995-2000

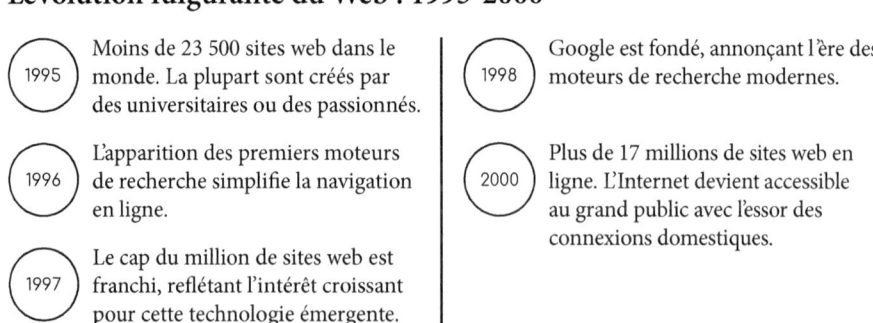

Création de l'entreprise avec des débuts difficiles

En 2001, fort de ses succès avec le site de Lustin, Nicolas décide de transformer sa passion en une entreprise. Il ouvre un registre de commerce et lance un petit site web intitulé **Nico-du-web.com**, avec l'ambition d'offrir ses services web aux indépendants de sa région. Dès le départ, Nicolas adopte une approche novatrice pour l'époque : « Un site Internet doit être rentable. » Il ne s'agit pas simplement de créer une vitrine en ligne, mais de concevoir des sites qui génèrent réellement de la valeur en attirant de nouveaux clients pour ses clients.

Alors que la plupart de ses concurrents se contentent de vendre des sites vitrines, souvent perçus comme de simples gadgets, Nicolas se distingue en mettant l'accent sur l'efficacité et la rentabilité des projets web qu'il propose. Cette vision avant-gardiste commence à attirer l'attention, bien que les débuts soient loin d'être faciles. Le web est encore souvent considéré comme un caprice technologique, et la jeunesse de Nicolas joue parfois en sa défaveur, malgré son expérience réussie avec **Lustin.be**.

Dans le même temps, la bulle de l'Internet atteint son paroxysme. L'indice boursier technologique Nasdaq s'envole, porté par une frénésie d'investissements dans les sociétés actives sur Internet. Ce n'est pas seulement de l'euphorie, c'est de la folie pure : la plupart des entreprises cotées sont des coquilles vides, accumulant des pertes massives. En mars 2000, le Nasdaq entame une chute vertigineuse qui se prolongera sur des mois, marquant la fin de cette ère de spéculation effrénée.

En 2002, conscient de la nécessité d'élargir sa clientèle et de renforcer sa crédibilité, Nicolas décide de rebaptiser son entreprise. Ainsi naît **E-net Business**. Ce rebranding marque le début d'une nouvelle phase pour l'entreprise, bien que les défis restent nombreux. Convaincre les entreprises locales de l'importance d'un site web efficace demande du temps, et Nicolas doit souvent redoubler d'efforts pour prouver la valeur de ses services.

Cependant, la méfiance envers le web, amplifiée par l'éclatement de la bulle Internet, complique encore les choses. Les entreprises peinent à faire confiance à un jeune entrepreneur, et beaucoup perdent foi dans le potentiel du numérique. Pour subvenir à ses besoins tout en continuant à développer son entreprise, Nicolas accepte divers petits boulots en autodidacte : secrétaire dans une agence immobilière, barman, rédacteur pour un journal namurois. Ces emplois lui permettent de s'assumer financièrement tout en poursuivant son rêve entrepreneurial.

Le 8 janvier 2003, la vie de Nicolas bascula avec la perte soudaine de son père. Cet événement le marqua profondément, affectant à la fois sa vie personnelle et professionnelle. Dans les semaines qui suivirent, le poids du deuil se mêla à la pression croissante de ses responsabilités. Les nuits sans sommeil devinrent une habitude, et l'idée d'abandonner son projet traversa son esprit plus d'une fois.

« *Pourquoi continuer ?* » se demanda-t-il un soir, seul dans son bureau, les larmes aux yeux. Mais alors qu'il repensait à toutes les fois où son père l'avait encouragé, une phrase lui revint : « *Si tu crois en quelque chose, fais-le pleinement, même si le monde entier te dit le contraire.* »

Cette pensée agissait comme une boussole intérieure, lui rappelant l'importance de persévérer, non pas malgré les difficultés, mais à cause d'elles. Il comprit que continuer n'était pas seulement un hommage à son père, mais aussi une manière de transformer la douleur en une force renouvelée.

Nicolas se fait alors approcher par une grande entreprise : **Cobelba**, un nom réputé dans le secteur de la construction en Wallonie, dirigée par Jean-Louis Henry. Lors de leur premier rendez-vous, Nicolas fut accueilli par Noëlla Dujardin, l'assistante de direction.

Après avoir présenté son projet et détaillé sa vision d'un site web rentable, il sentit une hésitation. « *Vous êtes jeune… très jeune,* » lui dit Noëlla avec un sourire. « *Pourquoi devrions-nous vous faire confiance ?* »
Avec calme et détermination, Nicolas répondit : « *Justement parce que je suis jeune, je vois les choses différemment. Mon objectif n'est pas de vous vendre un site pour avoir une belle vitrine. Je veux créer quelque chose qui vous apportera de vrais résultats.* »

Quelques semaines plus tard, à la surprise de Nicolas, Cobelba accepta son offre. Mais ce fut le témoignage de Noëlla Dujardin qui marqua un tournant : « *Nicolas Pourbaix fait preuve d'un grand professionnalisme, et pourquoi ne pas faire confiance à un jeune ?* » Ces mots, diffusés à la radio sur la RTBF, devinrent une validation publique précieuse pour **E-net Business**.

Ce contrat avec Cobelba ne fut pas seulement une victoire professionnelle. Il prouva à Nicolas qu'il pouvait surmonter les préjugés liés à son âge et démontrer la valeur de son travail. Ce succès renforça sa détermination à poursuivre son rêve entrepreneurial, malgré les obstacles et les doutes qui auraient pu le détourner de son chemin.

La rencontre d'un grand Homme qui a marqué son histoire à jamais

En 2003, alors que je travaillais comme chargé de communication dans un cabinet politique de la Ville de Namur, j'ai vu Nicolas revenir dans ma sphère professionnelle d'une manière inattendue. Denis Mathen, échevin des Finances, du Personnel et de l'Informatique, avait entendu parler de lui et de ses projets numériques. Denis, que je considérais comme un homme de vision, avait cette capacité rare à détecter le potentiel là où d'autres ne voyaient qu'un jeune entrepreneur inexpérimenté.

Lors de leur première rencontre, Nicolas m'a confié plus tard combien il avait été impressionné par l'attention que Denis lui avait accordée.
« *Pendant près d'une heure, il a écouté mon parcours et mes projets sans jamais me couper. Il m'a pris au sérieux comme personne ne l'avait fait avant.* » Cette conversation a marqué le début d'une opportunité exceptionnelle pour Nicolas : Denis lui proposa, quelques mois plus tard, de rejoindre son cabinet politique pour piloter des projets numériques ambitieux au service des citoyens de Namur.

À 20 ans, Nicolas était le plus jeune attaché de cabinet de la Ville.
« *Rejoindre le cabinet politique à 20 ans était bien plus qu'un travail,* » m'a-t-il confié un jour. « *C'était une immersion dans un monde où les idées prenaient vie et où chaque décision avait un impact concret sur la vie des citoyens. Ce fut l'une des expériences les plus formatrices de ma carrière, une leçon de résilience, d'audace et de collaboration.* »

Travailler dans le même cabinet que Nicolas a enrichi notre relation d'une manière inattendue. Nos chemins s'étaient déjà croisés auparavant, mais c'est dans ce cadre professionnel que nous avons véritablement compris la complémentarité de nos approches. Je me souviens notamment d'un projet qui reste dans les mémoires : un poisson d'avril imaginé ensemble.

À l'époque, l'hôtel de ville de Namur était en travaux. L'idée était de créer un canular disant que du pétrole avait été découvert dans le sous-sol du parking souterrain, stoppant les travaux. Denis Mathen, avec son sens de l'humour et sa stature d'échevin des Finances, devait annoncer que cette découverte allait rendre la ville immensément riche et permettre de financer toutes les politiques locales.

Nos discussions pour élaborer ce canular étaient intenses mais toujours constructives. «*Travailler avec toi a ajouté une nouvelle dimension à notre relation,* » m'a dit Nicolas par la suite. « *Ce projet a démontré à quel point nos compétences étaient complémentaires.* »

Avec la confiance de Denis Mathen, Nicolas initia plusieurs innovations pour Namur : les **Fêtes de Wallonie en ligne**, la sonnerie GSM «***Lia Bia Bouquet***» (version numérique d'un hymne traditionnel local), un budget interactif, et le projet «**En avant la Musique**». Ces initiatives ont non seulement modernisé la communication de la ville, mais aussi renforcé le lien entre les citoyens et leur municipalité.

« *Grâce à ces innovations, Namur est devenue l'une des premières villes belges à proposer une plateforme de budget participatif en ligne. Les Fêtes de Wallonie en ligne ont attiré des milliers de visiteurs virtuels, et la sonnerie «**Lia Bia Bouquet**» est rapidement devenue un symbole local. Ces projets n'ont pas seulement modernisé la communication de la ville, ils ont renforcé le lien entre les citoyens et leur municipalité,* » confiait Nicolas.

Au fil des mois, j'ai vu Nicolas gagner en confiance et en maturité, tout en restant fidèle à ses valeurs. Travailler aux côtés de Denis Mathen lui a permis de dépasser ses doutes, d'affronter des défis inédits, et de prouver que le numérique pouvait véritablement transformer la manière dont une ville interagit avec ses habitants.

Nouveau départ de l'entreprise avec des concepts innovants

En 2004, Nicolas, fort de ses premières expériences entrepreneuriales, commence à transformer ses idées en véritables innovations. À cette époque, il me propose de collaborer en tant que freelance sur certains projets de création de contenus textuels. Enthousiaste à l'idée de mettre mes compétences en rédaction au service de ses ambitions numériques, j'accepte sans hésiter. Ce fut le début d'une collaboration où nos talents respectifs se sont parfaitement complétés.

Mais ce n'était qu'une facette de l'effervescence créative de Nicolas. En 2001, il fait deux rencontres déterminantes : Bernard Ignace, placier à la Ville de Namur, et Franck Delforge, président d'un organisme de représentation foraine. Leur discussion révèle une lacune évidente : à cette époque, aucun site web ne centralise les informations sur les fêtes foraines. Nicolas saisit immédiatement cette opportunité et décide de créer un portail numérique inédit.

Ainsi, en 2002, naissent **Fete-foraine.be** en français et **Kermis-feest.be** en néerlandais. Ces sites regroupent l'agenda complet des fêtes foraines en Belgique, un annuaire détaillé des forains, ainsi que des informations pratiques et des visuels attrayants. Leur objectif est clair : offrir un outil pratique aux organisateurs et placiers tout en mettant en lumière le monde des fêtes foraines.

Toujours animé par sa quête d'innovation, Nicolas ajoute un système de bons de réduction imprimables, une idée audacieuse et révolutionnaire pour l'époque. Par exemple, les visiteurs pouvaient accéder à des avantages valables auprès d'attractions ou des stands spécifiques. Frédéric Allard, propriétaire d'un carrousel pour enfants, témoigne : « Grâce aux réductions en ligne, j'ai vu arriver des familles entières qui, sans cela, n'auraient peut-être pas fait le déplacement. »

En quelques mois, Fete-foraine.be devient une référence incontournable. Avec plus de 50 000 visiteurs uniques en six mois et une hausse de fréquentation de 20 % chez les forains membres du site, ce projet illustre parfaitement le potentiel du numérique pour dynamiser des secteurs traditionnels. Ces succès renforcent la notoriété de Nicolas, qui prouve une fois encore que le digital peut transformer les habitudes et générer des résultats concrets.

Parallèlement, Nicolas explore d'autres idées avant-gardistes. Il lance **Webnamur**, un portail destiné aux jeunes Namurois, visant à mêler interactions virtuelles et rencontres réelles. Cette plateforme, bien qu'éphémère, témoigne de son envie constante de connecter les gens au-delà des écrans.

Comme mentionné précédemment, Nicolas comprend très vite l'importance de créer des sites rentables, qui génèrent des résultats concrets pour les entreprises. Il se penche également sur l'optimisation du référencement Google. Dès 2002, il analyse le fonctionnement de l'algorithme de Google, étudiant la manière dont les sites sont positionnés en première place dans les résultats de recherche. En 2005, il développe une méthode innovante axée sur le taux de conversion stimulé par le référencement. Ensemble, Nicolas et moi-même mettons en place le premier réseau belge de haute qualité comprenant des annuaires, des blogs, et des forums, dont l'objectif est de générer des liens de qualité vers les pages des sites web créés par E-net Business. Nous élaborons également une méthode de rédaction de contenus basée sur les expressions clés de longue traîne, optimisant ainsi la visibilité et l'efficacité des sites web.

La Data Intelligence a toujours captivé Nicolas. Ce domaine consiste à collecter, analyser et interpréter des données pour éclairer la prise de décision. Grâce à des outils spécialisés, elle permet de comprendre des tendances, de résoudre des problèmes et d'anticiper les besoins. Entre 2001 et 2006, Nicolas s'est immergé dans des concepts alors encore peu exploités. Par exemple, il utilisait **Google Analytics** pour recueillir des données précieuses sur les visiteurs des sites qu'il développait. « Les données ne mentent pas », aimait-il répéter. Visionnaire, il installait des outils de tracking pour analyser les formulaires en ligne et mesurer les taux de conversion, bien avant que ces pratiques ne deviennent des standards dans le digital.

Son obsession pour l'efficacité allait bien au-delà de la simple création de sites web : il cherchait à maximiser l'impact de chaque projet.

Travailler avec Nicolas durant ces années était une expérience fascinante. Ensemble, nous avons développé des pages web qui combinaient un contenu engageant et un référencement optimisé, répondant à la fois aux attentes des utilisateurs et aux exigences des moteurs de recherche. Ces initiatives ont marqué une avancée significative pour **E-net Business**, en posant les bases de ce qui deviendra plus tard un modèle de référence en matière de communication digitale.

Nicolas continue de travailler en tant qu'attaché de cabinet jusque fin 2006, lorsque Denis Mathen s'apprête à quitter sa fonction pour devenir Gouverneur de la Province de Namur. Nicolas rejoint alors le service d'information et de communication de la Ville de Namur pendant quelques mois.

Le succès professionnel suivi du burn out en 2007

Le 29 novembre 2006, Nicolas et E-net Business célèbrent une étape importante avec l'inauguration des nouveaux bureaux à Naninne, près de Namur. L'événement est grandiose : plus de 200 invités, parmi lesquels Denis Mathen, Député wallon et Échevin, Anne Barzin, Députée fédérale, Sabine Laruelle, Ministre de l'Agriculture et des Classes moyennes, et Richard Fournaux, Bourgmestre de Dinant. Une intervention en visioconférence de Didier Reynders, alors Vice-Premier Ministre et Ministre fédéral des Finances, enregistrée depuis son bureau Rue de la Loi à Bruxelles*, souligne l'importance de cet événement et félicite le jeune entrepreneur.

Denis Mathen, prenant la parole, ajoute un message personnel à l'attention de Nicolas devant l'audience : « *C'est rare de voir une si jeune entreprise rayonner autant en si peu de temps. Continue de croire en tes idées, elles inspirent toute une génération.* » Ces mots, pleins d'encouragement, marquent Nicolas, mais ils renforcent aussi le poids des attentes qui pèsent sur ses épaules.

Très vite, Nicolas engage son premier collaborateur, Jean-Philippe, diplômé de la Haute École Albert Jacquard, et convie sa future épouse Audrey à gérer l'administration de l'entreprise.

Une montée en puissance difficile à supporter

Le début de l'année 2007 apporte de nouvelles opportunités : Nicolas reçoit une mission digitale d'envergure de la Ministre fédérale Sabine Laruelle et coordonne un projet ambitieux pour le site « Ville.namur.be », portant sur l'ergonomie et les besoins numériques des citoyens. En parallèle, le succès de Fete-foraine.be et Kermis-feest.be ne cesse de croître, attirant une avalanche de commandes.

---

* Intervention du Monsieur Reynders en visioconférence en 2006 avec les moyens technologiques de l'époque : https://www.nico-du-web.com/livre-burn-out-2

Le 4 avril 2007, le stress accumulé, la fatigue extrême, et la pression professionnelle déclenchent un burn out sévère chez Nicolas. Ce matin-là, il subit une intense réaction émotionnelle, un véritable «pétage de plomb», selon ses proches. Jean-Philippe et Audrey, inquiets, contactent le médecin traitant de Nicolas, qui refuse de se déplacer. Après plusieurs tentatives infructueuses, le Dr Dominique Henrion, un généraliste de Naninne, accepte d'intervenir. Constatant que l'état de Nicolas devient dangereux pour lui-même et pour son entourage, la police est appelée et Nicolas est transporté à l'hôpital Saint-Martin à Dave. Lorsque j'apprends cette nouvelle, je ressens un grand sentiment d'impuissance. N'étant pas sur place, je ne peux que ressentir l'émotion et la détresse par téléphone dans les voix des protagonistes présents sur place, qui ne reconnaissent plus Nicolas.

Je me souviens que Nicolas m'évoquait régulièrement souffrir d'insomnie et ressentir le besoin compulsif de se lever à plusieurs reprises pour noter des idées. Je me revois à l'époque prendre doucement conscience que le succès professionnel peut avoir un prix élevé si l'on ne prend pas soin de soi.

À l'époque, le concept de burn out est encore méconnu. Comme beaucoup, j'ignorais encore l'existence du terme, et donc encore moins sa signification.

Durant ses premiers jours à l'hôpital Saint-Martin, Nicolas est placé en chambre d'isolement pour stabiliser sa crise. Sous médication, il passe plusieurs jours à dormir, épuisé par des années de pression accumulée. Grâce à l'accompagnement des médecins, il entame lentement un processus de rétablissement. Pendant cette période difficile, quelques proches lui rendent visite et sa compagne Audrey reste à ses côtés chaque jour, assurant également la direction intérimaire d'E-net Business avec son collègue Jean-Philippe Guisse.

Une fois son état stabilisé, les médecins commencent à diminuer progressivement la médication, mettant en place un programme d'activités culturelles, artistiques, sportives et spirituelles pour stimuler sa reconstruction. Nicolas se souvient: « Un infirmier m'a demandé ce que j'aimais comme activité, quelles étaient mes passions. Je lui ai répondu : le WEB et la guitare. » Surprise : ni le WEB, ni la guitare ne figuraient parmi les options prévues par l'hôpital. L'infirmier, bienveillant mais surpris, lui a répondu : « Le WEB, c'est interdit ici. La guitare, je n'ai malheureusement pas de solution pour toi. »

Ce détail anodin a marqué Nicolas. Depuis des années, pris par le travail et ses projets entrepreneuriaux, il avait laissé de côté sa passion pour la guitare. Pourtant, cet intérêt artistique allait bientôt refaire surface grâce à une initiative inattendue.

Sans prévenir Nicolas, l'infirmier a contacté Audrey. Elle a retrouvé la guitare laissée à l'abandon, l'a emmenée chez un luthier pour un entretien, fait remplacer les cordes et accorder l'instrument afin qu'il sonne parfaitement. Elle a même pris soin de chercher des partitions, choisissant les chansons de Francis Cabrel et Pascal Obispo, qu'elle savait chères à Nicolas.

Lors d'une visite, l'équipe médicale avait organisé un moment spécial. Audrey s'installa dans un local dédié, guitare déballée et partitions prêtes. L'infirmier alla chercher Nicolas, lui annonçant simplement que la visite se déroulerait dans un lieu différent. Quand Nicolas entra et découvrit la guitare et Audrey à ses côtés, il fut submergé par l'émotion. Les larmes aux yeux, il prit l'instrument entre ses mains. Malgré la médication encore présente, il joua sans hésitation et sans fausse note « Je t'aimais, je t'aime et je t'aimerai » de Francis Cabrel, une chanson emblématique de son histoire. Ce moment fut un tournant dans sa convalescence, une étincelle qui raviva sa passion et lui rappela l'importance de cultiver ses rêves et ses passions, même au cœur des épreuves. Audrey, par son amour et son initiative, avait ouvert une porte vers une guérison profonde et durable.

Une période de convalescence marquante

Durant les semaines suivantes, Nicolas poursuit son processus de rétablissement, d'abord à l'hôpital, puis à la maison, où il amorce un retour progressif à une vie plus équilibrée.

Lorsqu'il reprend des forces chez lui, Nicolas s'investit pleinement dans les tâches ménagères. Audrey se souvient: « Lorsque je rentrais de l'entreprise, la maison était impeccable. Le nettoyage était fait, tout brillait… et la table était mise pour le repas du soir. » Des gestes simples, mais révélateurs de son envie de contribuer, même dans cette période de convalescence. Parallèlement, il continue à entretenir sa passion pour la guitare et en joue tous les jours. Ce rituel devient une source d'apaisement et de ressourcement.

Nicolas passe également beaucoup de temps à échanger avec diverses personnes. Sa nature introspective et son besoin de réfléchir l'amènent à dialoguer longuement, notamment avec Pierre Paulus. À cette époque, Pierre, traiteur renommé de Ciney et ami proche, joue un rôle essentiel dans cette phase de reconstruction. Ensemble, ils partagent des promenades dans la nature, des discussions profondes sur la vie, les priorités, et le sens à donner à ses actions. Ces moments d'introspection et de calme aident Nicolas à retrouver son équilibre intérieur.

Le burn out reste à ce moment un sujet tabou, souvent perçu comme une simple fatigue ou un surmenage passager. Cependant, cet épisode pousse Nicolas à entamer une réflexion profonde sur le bien-être au travail. Il commence à comprendre l'importance cruciale d'un équilibre entre performance, épanouissement personnel, et respect des limites. Cette prise de conscience deviendra plus tard un des piliers de son engagement entrepreneurial et humain, même si le chemin s'avèrera être long.

Une nouvelle perspective sur l'avenir

Après son rétablissement, Nicolas revient avec une perspective profondément renouvelée. Conscient de l'importance du bien-être au travail, il décide d'intégrer des pratiques bienveillantes au sein d'E-net Business : des débriefings plus réguliers, une meilleure communication interne, et un équilibre renforcé entre vie privée et vie professionnelle. « *Ce burn out a été mon signal d'alarme. Il m'a appris qu'être un bon entrepreneur ne signifie pas être infaillible, mais savoir reconnaître ses limites et en tirer des leçons,* » confie-t-il.

En moins de six mois, grâce à la résilience et à la détermination de son équipe, l'entreprise se redresse. Ce chapitre difficile, loin de marquer une fin, devient une source précieuse d'apprentissage et de croissance pour Nicolas et E-net Business.

Découverte de la santé mentale et des neurosciences

Durant son séjour à l'hôpital, Nicolas, qui s'intéresse donc pleinement à la santé mentale, en arrive à se pencher, de fil en aiguille, sur les neurosciences, notamment en lien avec l'ergonomie des sites web. Il découvre que ces disciplines peuvent jouer un rôle crucial dans la conception de sites web rentables, en comprenant comment le cerveau humain perçoit, traite, et mémorise les informations. Il explore des études sur les mouvements oculaires (eye-tracking) qui révèlent comment les utilisateurs parcourent visuellement une page web, ce qui l'aide à placer stratégiquement les éléments.

Les neurosciences fournissent également des informations sur la quantité d'information que le cerveau peut traiter à la fois, et sur les meilleures façons de présenter ces informations pour éviter la surcharge cognitive. Nicolas comprend rapidement comment l'attention peut être attirée par des éléments visuels spécifiques, des animations ou des appels à l'action bien placés, et comment les émotions influencent le comportement en ligne. Cette prise de conscience devient une pierre angulaire de sa méthodologie dans le but de créer des sites web qui génèrent de nouveaux clients pour les entreprises.

À sa sortie de l'hôpital, durant cette longue période de convalescence, il a dû retrouver confiance en lui et motivation professionnelle. Les neurosciences ont été un levier. Avec l'aide de Jean-Philippe et Nicolas, nous avons continué à approfondir nos connaissances sur l'impact des neurosciences dans la conception de sites web, intégrant ces principes à une approche innovante pour E-net Business.

Les biais cognitifs au service de la conversion e-commerce

Dans le domaine des fiches produits e-commerce, rapidement, nous avons mis en œuvre deux biais cognitifs majeurs pour maximiser les conversions : le biais de rareté et le biais d'association. Ces concepts, issus des neurosciences et de la psychologie comportementale, permettent d'influencer les décisions d'achat en exploitant des mécanismes inconscients propres à l'esprit humain.

Le biais de rareté repose sur une règle fondamentale de la psychologie : les individus ont tendance à accorder plus de valeur aux ressources rares ou limitées. Cette perception de rareté active un sentiment d'urgence, souvent associé à une peur de passer à côté d'une opportunité précieuse. En e-commerce, ce biais est souvent utilisé pour inciter les visiteurs à agir rapidement. Par exemple, l'affichage d'une mention comme « Il ne reste plus que 2 exemplaires en stock » peut provoquer une réaction émotionnelle immédiate, poussant l'utilisateur à acheter avant que le produit ne soit épuisé.

Le biais d'association, quant à lui, repose sur le lien que le cerveau établit entre des éléments visuels, émotionnels ou contextuels. Par exemple, des couleurs, des mots ou des symboles spécifiques peuvent susciter des émotions ou des comportements particuliers. En e-commerce, l'utilisation de la couleur verte pour indiquer la disponibilité d'un produit est associée à la sécurité, à l'abondance et à la confiance. À l'inverse, des couleurs comme l'orange ou le rouge, souvent perçues comme dynamiques ou alertantes, créent une impression d'urgence ou de nécessité d'action immédiate.

Pour maximiser les conversions, nous avons habilement combiné ces deux biais :

Lorsqu'un produit était en stock en quantité suffisante, l'indication « Disponible » s'affichait en vert, une couleur apaisante et rassurante, qui incitait l'utilisateur à explorer davantage sans pression.

Dès que le stock passait sous la barre des 10 exemplaires, l'information devenait « Il ne reste plus que x exemplaires », affichée en orange. Cette couleur, plus énergique, captait l'attention et déclenchait un sentiment d'urgence, sans pour autant générer une panique excessive.

Lorsque le stock atteignait un seul exemplaire, l'affichage passait à « Dernier exemplaire », toujours en orange, mais avec un message renforçant la rareté perçue et incitant l'utilisateur à finaliser rapidement son achat. Voici 2 exemples :

Cette combinaison jouait donc bien sur deux aspects psychologiques complémentaires décrits plus haut. La peur de manquer une opportunité rare via le biais de rareté était suscitée. L'ancrage émotionnel des messages grâce aux couleurs et aux formulations spécifiques était aussi exploité (biais d'association).
À l'époque, cette stratégie était relativement innovante. Nous avons constaté une augmentation significative des conversions sur les fiches produits qui utilisaient ces biais, posant ainsi les bases de nombreuses techniques encore utilisées dans le e-commerce aujourd'hui. La compréhension et l'application de ces biais marquèrent un tournant dans la vision de la conception web de Nicolas.

Croissance de l'entreprise puis rechute : 2ème burn out en 2009

Entre 2007 et 2009, E-net Business se développe progressivement, atteignant une centaine de clients, principalement des petites et moyennes entreprises, ainsi que quelques institutions, dont plusieurs administrations communales. L'équipe compte alors une petite dizaine de collaborateurs.

L'ambition de Nicolas n'a jamais été de travailler pour générer du profit, pour la course à la croissance du chiffre d'affaires ou pour employer un maximum de personnes. Son rêve a toujours été de créer des projets entrepreneuriaux empreints de sens, de nourrir sa passion d'innovation à son échelle. Le tout en gouvernant une entreprise équilibrée entre les performances économiques, la passion du métier et le financement des projets sociétaux variés.

Les bouleversements du monde digital (2007-2010)

Le monde du digital évolue très rapidement. De nouvelles technologies, tendances et outils apparaissent constamment, obligeant les entreprises et les professionnels à rester à jour pour ne pas être dépassés. Entre 2007 et 2010, voici quelques exemples d'innovations ayant bouleversé nos habitudes et transformé le paysage numérique :

- **Les smartphones et applications mobiles** : L'iPhone, lancé en 2007 par Apple, a révolutionné la manière de consommer l'information. Les sites web ont dû s'adapter pour offrir une navigation fluide sur écran de smartphone. Les applications mobiles sont rapidement devenues des outils indispensables du quotidien.

- **Les réseaux sociaux** : Des plateformes comme Facebook, Twitter (aujourd'hui appelé X) et Instagram ont gagné en popularité, transformant la manière dont les entreprises interagissent avec leurs clients et adoptent des stratégies plus engageantes.

- **Le streaming** : L'essor de YouTube, dès 2007, puis de Spotify et Netflix, a rendu possible la consommation de vidéos et de musiques en ligne, remplaçant progressivement les supports physiques comme les DVD et CD.

- **Les paiements sans contact** : Des technologies comme PayPal Mobile et les paiements via smartphone ont simplifié les transactions, accélérant la transition vers une économie mobile et sans contact.

- **Le travail collaboratif** : Des outils comme Google Docs ont facilité le travail en équipe à distance, marquant le début de l'ère du cloud et de l'accès aux fichiers depuis n'importe où et n'importe quand.

Ces innovations ont révolutionné notre quotidien et imposé aux entreprises de s'adapter rapidement. Celles qui n'ont pas suivi la tendance ont risqué de perdre leur place dans ce monde en pleine transformation, lorsqu'elles ne sont pas tombées...

Les méthodologies innovantes d'E-net Business

Face à ces bouleversements, E-net Business a su se démarquer par des méthodologies avant-gardistes. L'une des innovations majeures a vu le jour en 2010 avec **la roue des publications pour les réseaux sociaux** : une stratégie axée sur l'engagement qualitatif plutôt que quantitatif. Alors que les concurrents publient sur Facebook dans une perspective de « course aux likes », E-net Business va à contre-courant en indiquant qu'il faut privilégier des likes de qualité plutôt que la quantité. En d'autres mots, plus vous avez des likes qualitatifs, plus vous aurez une communauté engagée. Cette méthodologie « Roue des Publications a donc pour objectif d'animer une page sociale afin de générer le maximum d'interactions : réaction, commentaire, partage. En 2011, Nicolas Pourbaix réalise le **baromètre des hommes politiques et Facebook** en partenariat exclusif avec la chaine de télévision belge RTL-TVI et les journaux L'Avenir.

Baromètres des hommes politiques et Facebook*

Autre innovation majeure : E-net Business a développé un écosystème d'intelligences artificielles nommé **AERIA**. Il regroupe plusieurs outils spécialisés, appelés «systèmes», conçus pour collaborer ou fonctionner indépendamment selon les besoins. À l'image des pièces d'un puzzle, ces systèmes se combinent pour former des solutions complètes et adaptées. AERIA est capable d'exploiter 10 technologies algorithmiques différentes, offrant une polyvalence unique.

Par exemple, en 2010, **AERIA Workflow Automation** a été intégré au sein d'E-net Business pour automatiser les tâches répétitives et optimiser les workflows (activités nécessaires à l'exécution d'une tâche). Grâce à un système basé sur des règles logiques (logique booléenne), il transforme des tâches chronophages en processus fluides et efficients. Cette approche permet aux collaborateurs de se concentrer sur des activités à forte valeur ajoutée tout en éliminant les actions répétitives laborieuses. Conçu pour fournir une assistance proactive au personnel, AERIA Workflow Automation incarne l'esprit d'innovation de l'entreprise.

L'impact de cet écosystème est significatif : il a permis de considérablement augmenter la productivité au sein des équipes, tout en ouvrant la voie à une gestion plus agile et efficace des ressources.

---

* Extrait d'un JT sur RTL-TVI en 2011 afin de présenter ce baromètre des hommes politiques et Facebook : https://www.nico-du-web.com/livre-burn-out-3

Trois moments clés pour comprendre l'intelligence Artificielle

Je profite de l'évocation de cette première immersion dans l'univers des intelligences artificielles pour vous en partager les grandes étapes dont la première remonte, déjà, aux années 1950 :

Intelligence Artificielle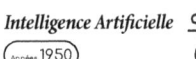
Années 1950

Définition :
Technique permettant aux ordinateurs de copier un comportement humain.

Résultats :
Les systèmes résolvaient des **problèmes logiques simples**, mais étaient **limités** dans les situations **complexes**.

Machine Learning
Années 1980

Définition :
Technique d'IA permettant aux ordinateurs d'apprendre à résoudre une tâche précise.

Résultats :
Les algorithmes d'**apprentissage automatique** ont permis de faire des **prédictions** à partir de données, ouvrant la voie à des applications comme la **reconnaissance de caractères**.

Deeplearning
Années 2010

Définition :
Sous- ensemble du « **Machine Learning** » basé sur l'utilisation de réseaux de neurones.

Résultats :
Les réseaux de neurones **profonds** ont permis des résultats spectaculaires dans des tâches comme la **reconnaissance d'images** et la **traduction automatique**, révolutionnant de nombreux secteurs.

Former ses clients à son propre métier : un paradoxe ? Non, la suite logique !

Ensuite, toujours en 2010, Nicolas prend la décision de transformer le modèle d'affaires de l'entreprise : à la place de vendre des mises à jour sur les sites web, E-net Business promeut l'autonomie maximale des clients en les formant à mettre à jour leurs sites eux-mêmes.

Nicolas se souvient : A l'époque Renaud Delhaye, un responsable de l'AWT (Agence Wallonne des Télécommunication), avait organisé une rencontre avec tous les acteurs du monde digital. Renaud Delhaye avait fait un tour de table afin d'obtenir la vision de chaque acteur. Nicolas avait évoqué le changement de modèle économique qu'il amorçait pour axer son développement sur la formation et l'autonomie des clients dans la mise à jour de sites web. Cette intervention a interpellé, pour ne pas écrire « choqué », plusieurs concurrents de l'assemblée, l'accusant de « tuer » le métier de webmaster. Il faut remettre les choses dans le contexte : à l'époque, la formation dans les métiers du digital pour mettre à jour son site web n'était pas fortement développée. C'était donc un changement. Aujourd'hui, c'est devenu une dimension omniprésente.

2ème burn out, nouvelle hospitalisation en 2009 et long parcours de reprise

Le succès est indéniable : en quelques années, E-net Business est passé d'une centaine de clients, entre 2007 et 2009, à 500 clients, dont des entreprises de plus en plus influentes. Parmi elles, un leader en télécoms, confronté à une concurrence accrue suite à la libéralisation du marché, a confié à E-net Business sa stratégie d'acquisition en digital marketing. Grâce à cette collaboration, l'opérateur a pu commercialiser des services différenciants avec succès. Les résultats étaient hallucinants, permettant à cette entreprise en télécoms de maintenir sa place de leader.

De même, le top management de la cinquième plus grande entreprise du secteur de l'énergie à l'échelle mondiale a sollicité l'expertise de Nicolas et notre équipe pour réfléchir au positionnement e-commerce de la marque. La vision stratégique proposée par E-net Business a été retenue, puis mise en œuvre, générant un succès salué par ce client.

Cependant, cette croissance rapide a, une nouvelle fois, exigé une énergie folle de la part de Nicolas. Il a dû non seulement adapter ou inventer de nouvelles méthodologies, mais aussi structurer l'entreprise. Optimiser les processus internes, développer les activités commerciales, manager une équipe et maintenir un équilibre financier étaient ses défis quotidiens. Pour une petite structure disposant de moyens financiers limités, rester à la pointe dans le domaine du digital impliquait un investissement constant en recherche et développement, tests, et innovation.

L'isolement face à l'innovation

Vous commencez à entrevoir la suite. Prendre des décisions à contre-courant et assumer des choix audacieux ont souvent isolé Nicolas. Ces risques, combinés à une charge de travail colossale, à une pression constante, et à un engagement personnel intense pour éduquer ses clients, ont fini par l'épuiser à nouveau.

Cette fois-ci, Nicolas a choisi de se faire hospitaliser volontairement à l'hôpital Saint-Martin de Dave, en accord avec son psychothérapeute et son médecin traitant, le Dr Dominique Henrion.

Les causes et les symptômes d'un second burn out

Un burn out, à nouveau ? Oui : la rechute semblait inévitable. Les excès de travail, la pression constante, un sommeil insuffisant, l'absence d'activité physique régulière et un rythme de vie effréné avaient créé un cercle vicieux dont Nicolas n'arrivait plus à sortir. Un signe marquant de son épuisement : depuis plusieurs mois, il avait cessé de jouer de la guitare, une passion qui lui avait pourtant toujours apporté équilibre et sérénité.

Les symptômes physiques et mentaux s'étaient amplifiés au fil du temps, témoins d'un épuisement profond. Cette fois, l'hospitalisation volontaire fut planifiée avec davantage de préparation. Parmi les objets essentiels emportés à l'hôpital, sa guitare trouvait naturellement sa place, symbole de ce qu'il espérait retrouver en lui-même. Cette organisation minutieuse de l'hospitalisation permit de réduire la souffrance et les tensions au sein de son entourage familial, rendant ce passage difficile un peu moins lourd à porter.

Un séjour révélateur sur les interactions entre technologie et société

Durant son séjour à l'hôpital, Nicolas a de nouveau approfondi sa réflexion sur les neurosciences appliquées au web, un sujet qui continuait à le passionner profondément. Contrairement à sa première hospitalisation, les médecins, psychologues et infirmiers se sont montrés ouverts à lui permettre d'échanger sur ses intérêts pour le web, reconnaissant l'importance de nourrir ses passions dans son processus de rétablissement.

Il est important de souligner qu'un hôpital psychiatrique accueille des patients aux profils extrêmement variés : des personnes souffrant d'addictions, des individus ayant commis des actes graves jugés irresponsables en raison de leur état de santé mentale, mais aussi des patients atteints de troubles les rendant dépendants à vie. Si cet environnement était intimidant au départ, il a éveillé la curiosité de Nicolas. Toujours avide de comprendre, il a voulu explorer ce qui se passe dans l'esprit humain à l'échelle collective et sociétale, particulièrement dans un monde où les nouvelles technologies jouent un rôle grandissant.

Ces échanges, qu'ils soient formels avec les soignants ou informels avec d'autres patients, ont permis à Nicolas d'approfondir plusieurs thématiques sur l'impact des outils numériques sur la santé mentale. Il a notamment étudié les phénomènes suivants :

- **Troubles psychologiques amplifiés par les réseaux sociaux :** Les flux incessants de contenus favorisent une comparaison sociale excessive, en exposant les utilisateurs à des sentiments d'infériorité et de dévalorisation. Cela augmente les risques de troubles psychologiques comme l'anxiété ou la dépression.

- **Effet délétère des *fake news* sur la population et les démocraties** : La prolifération de fausses informations perturbe la capacité des individus à discerner la vérité, alimentant la méfiance envers les institutions et la polarisation des opinions, ce qui peut affaiblir les processus démocratiques.

- **Conséquences de l'hyperconnectivité sur le bien-être :** Les notifications constantes et la disponibilité permanente brouillent les frontières entre vie privée et vie professionnelle, et peuvent entrainer stress chronique, troubles du sommeil, et difficulté à se déconnecter.

- **Cyberharcèlement** : Les plateformes sociales exacerbent les comportements agressifs, exposant les victimes à une détérioration de leur estime de soi, une anxiété accrue, et des troubles dépressifs.

- **Addiction numérique** : L'usage excessif d'appareils numériques peut entraîner des troubles du sommeil, une baisse de productivité et une désocialisation progressive.

- **Stress lié à la surinformation (infobésité)** : Être inondé d'informations contradictoires fatigue l'esprit, provoque confusion et difficulté à se concentrer.

- **Isolement social** : Bien que les outils numériques connectent les individus, leur utilisation excessive réduit les interactions réelles, favorisant un sentiment de solitude.

- **Fatigue numérique** : La surexposition aux écrans, qu'ils soient utilisés pour le travail ou les loisirs, engendre fatigue mentale, irritabilité, et symptômes physiques tels que, par exemple, les maux de tête.

- **Manipulation émotionnelle par les algorithmes** : Exploitant les biais cognitifs, certains algorithmes jouent sur des émotions comme la peur ou l'envie, intensifiant le stress et l'anxiété.

- **Effet «Troll» et négativité en ligne** : Les interactions anonymes en ligne renforcent les comportements agressifs, altérant l'expérience utilisateur et l'état émotionnel.

- **Effet de bulle cognitive** : Les algorithmes personnalisés renforcent les idées préexistantes. En clair, ils montrent en majorité des contenus qui vous confortent dans des prises de position ou des croyances, limitant de la sorte l'ouverture d'esprit et contribuant à la polarisation.

- **Troubles alimentaires amplifiés par les réseaux sociaux** : Les standards de beauté irréalistes véhiculés sur certaines plateformes exacerbent les complexes physiques et les troubles alimentaires, en particulier chez les jeunes.

En 2009-2010, ces phénomènes (dont la plupart vous sont peut-être familiers aujourd'hui) étaient encore émergents, mais Nicolas comprenait déjà leur potentiel impact sociétal. Ces découvertes renforcèrent sa conviction que les individus, les entreprises, et les gouvernements devaient prendre conscience des risques et promouvoir un usage plus équilibré des technologies numériques.

Ce séjour en 2009 marqua un tournant. Nicolas acquit une perspective unique sur l'intersection entre technologie et société, consolidant son engagement à sensibiliser sur ces enjeux et à rechercher des solutions. Cependant, bien que cette hospitalisation fut mieux préparée et vécue par son entourage, la convalescence s'avéra bien plus longue.

Dans un processus de reconstruction minutieux, Nicolas entreprit un travail d'introspection, en transformant cette épreuve en opportunité d'apprentissage et de croissance personnelle. Le 14 août 2010, il se marie avec Audrey. Le 24 novembre 2010, le couple accueille son premier enfant : Chloé.

Une reprise progressive et un long travail sur soi

Après sa sortie de l'hôpital, Nicolas a entrepris une reprise progressive de ses activités, étalée sur plus d'un an. Mais cette fois, le parcours de reconstruction fut bien plus profond. Entre 2010 et 2014, il s'est engagé dans un travail intensif sur lui-même. Contrairement au premier burn out, qu'il avait perçu comme un simple « accident de parcours », ce second épisode l'a poussé à remettre tout en question : sa confiance en lui, ses choix de vie, et même la pertinence de poursuivre les activités de son entreprise.

La question, lancinante, le taraudait: « *Dois-je tout arrêter ?* » Il a dû se reconstruire, pierre après pierre, dans un processus long et exigeant.

Témoigner pour aider et remercier

Dans le cadre d'une étude universitaire sur l'état de santé et le stress des indépendants et dirigeants d'entreprises, Nicolas a accepté de témoigner à la RTBF en 2012*. Son objectif était double : partager son expérience pour sensibiliser les autres entrepreneurs aux dangers du burn out, et remercier les équipes médicales spécialisées en santé mentale.

Nicolas s'est rendu compte que ces professionnels, souvent peu reconnus, accomplissent un travail considérable dans des situations extrêmement complexes. Son témoignage était non seulement un acte pédagogique, mais aussi une reconnaissance sincère envers ceux qui l'avaient aidé à se relever.

* Intervention de Nicolas lors d'un reportage JT à la RTBF en 2012. Sujet : Présentation d'une étude universitaire concernant le burnout des indépendants :

https://www.nico-du-web.com/livre-burn-out-4

Disponible en scannant le QR-Code ci-contre.

BURN OUT

L'étincelle d'un nouveau jour

Aujourd'hui, à côté de sa vie entrepreneuriale, Nicolas reste un musicien passionné. Compositeur à ses heures et assisté de plusieurs IA, il crée régulièrement des chansons.

L'une de ses compositions, *L'étincelle d'un nouveau jour*, résonne particulièrement bien avec le thème de ce livre.

La chanson, que vous aurez le loisir d'écouter via le QR Code ci-contre, rend hommage aux «âmes pleines de lumière» qui tendent la main et réparent nos ailes lorsque nous sommes brisés. On pense aux soignants dans le secteur de la santé mentale, mais aussi aux mentors et à l'entourage. En filigrane, on comprend que Nicolas a créé ce titre en se basant sur sa propre expérience. Il était donc tout naturel de l'évoquer dans cet ouvrage.

Cette chanson est disponible sur toutes les plateformes de streaming.
Accédez-y facilement en scannant ce QR code :

Album : **Rêves de l'Humain**
Artiste : **Nico-du-Web**

Paroles : **Nicolas et aeria**
Musique : **Alexandre, Nicolas et aeria**
Production : **Florent, Lucas et aeria**

Paroles et le sens résumé de la chanson «L'étincelle d'un nouveau jour» :

Couplet
Chaque matin je courais, à perdre haleine,
Chargé de rêves, de projets, d'ambitions lointaines.
Mais à force de tout porter sans jamais poser,
Je me suis perdu dans l'ombre de mes journées.

Sens :
Ce couplet reflète la course effrénée de nombreux entrepreneurs, absorbés par leurs ambitions et leurs responsabilités. Il souligne le poids mental et physique que représente cette quête incessante de réussite, au point de perdre de vue soi-même et l'équilibre nécessaire. L'ombre évoque la solitude et l'épuisement, souvent invisibles aux yeux des autres.

Pré-refrain
On ne voit jamais venir, le poids qui nous freine,
Jusqu'au jour où l'on craque, sous la charge des chaînes.

Sens :
Cette partie met en lumière la manière insidieuse dont le burn-out se développe. Les signaux sont souvent ignorés ou minimisés jusqu'à ce que le corps et l'esprit cèdent. Les «chaînes»

Pré-refrain
On ne voit jamais venir, le poids qui nous freine,
Jusqu'au jour où l'on craque, sous la charge des chaînes.

Sens :
Cette partie met en lumière la manière insidieuse dont le burn-out se développe. Les signaux sont souvent ignorés ou minimisés jusqu'à ce que le corps et l'esprit cèdent. Les «chaînes» symbolisent les contraintes mentales et professionnelles qui emprisonnent, souvent auto-imposées.

Refrain
Mais il suffit d'une main, d'un regard qui éclaire,
Pour rallumer la flamme dans un monde amer.
Un merci pour ces âmes, ces cœurs pleins de lumière,
Qui réparent nos ailes pour nous faire voir l'horizon clair.

Sens :
Le refrain célèbre le rôle du soutien, qu'il vienne des proches, des soignants, des mentors, l'entourage. Il transmet un message d'espoir : il suffit parfois d'un petit geste bienveillant pour retrouver sa force intérieure. Les «ailes réparées» évoquent la renaissance et la capacité à repartir après une épreuve.

BURN OUT

Couplet
Dans les couloirs blancs, j'ai trouvé un refuge,
Des voix douces, des sourires qui apaisent l'orage qui gruge.
Un moment avec une guitare, un air familier,
Et tout doucement, j'ai appris à respirer.

Sens :
Ce couplet décrit l'expérience du rétablissement, notamment en milieu médical. Les «couloirs blancs» représentent l'hôpital, tandis que les «voix douces» et les «sourires» rappellent l'importance d'une approche humaine et bienveillante dans le processus de guérison. La guitare symbolise la reconnexion avec soi-même à travers les passions oubliées, un pas vers la reconstruction.

Pré-refrain
Ils m'ont offert le temps, de recoller les morceaux,
De poser chaque pierre, pour bâtir à nouveau.

Sens :
Ce pré-refrain illustre la lenteur nécessaire pour guérir et se reconstruire. Le temps devient un allié, permettant de réassembler les fragments de soi-même. «Poser chaque pierre» évoque la construction d'une vie plus solide et équilibrée après le chaos.

Pont
Entrepreneurs, frères et sœurs, écoutez ma voix,
Prenez soin de vos cœurs, ne vous perdez pas.
Les succès se mesurent aussi aux sourires,
Pas seulement aux chiffres qu'on laisse entretenir.

Sens :
Le pont s'adresse directement aux entrepreneurs, les incitant à reconsidérer leurs priorités. Il invite à valoriser la santé mentale et émotionnelle autant que les résultats financiers, en rappelant que le bonheur et l'épanouissement sont les véritables indicateurs de succès.

Outro
À tous ceux qui soignent l'invisible et le silence,
Vous êtes la lumière qui nous rend notre chance.
Grâce à vous je chante aujourd'hui sans détour,
L'étincelle d'un nouveau jour.

Sens :
L'outro est un hommage direct aux professionnels de santé mentale et à leurs actions souvent méconnues. Elle conclut sur une note de reconnaissance et de renouveau, avec une promesse : celle de partager cette expérience pour inspirer et aider d'autres à trouver leur propre «étincelle».

Reprise progressive des activités professionnelles

Peu à peu, Nicolas regagne confiance en lui et retrouve le goût de la passion qui l'a toujours animée. Comme expliqué précédemment, cette reprise progressive a duré environ une année.

Une bonne nouvelle vient booster son moral : en 2012, le magazine de référence DIGIMEDIA publie un classement des agences en social media actives en Wallonie, à Bruxelles, et en Flandre. E-net Business y fait son entrée dans le **TOP 10 des agences social media les plus réputées en Belgique**. Cette reconnaissance marque un tournant important pour Nicolas et son entreprise, confirmant la pertinence de leurs choix stratégiques.

En 2013, E-net Business engage une nouvelle phase d'investissement majeur pour rendre l'intelligence artificielle **AERIA** encore plus performante dans le développement de sites web. L'objectif est clair : optimiser l'expérience utilisateur grâce à des techniques auto-apprenantes et automatisées. Cette année-là, l'entreprise commence à concevoir un générateur d'algorithmes capable de personnaliser et d'automatiser l'ergonomie et les contenus en fonction du profil de chaque utilisateur.

Cette phase d'innovation technologique permet à E-net Business d'améliorer significativement la qualité de ses services tout en les rendant plus attractifs sur un marché compétitif.

Dans sa vie privée, les choses évoluent également. Nicolas savoure pleinement son rôle de père auprès de Chloé, âgée de 4 ans, tandis que le couple attend un heureux événement. Le 24 avril 2014, un petit garçon, Hugo, voit le jour, comblant de bonheur sa famille et donnant une nouvelle dimension à l'équilibre entre vie professionnelle et vie personnelle de Nicolas.

En 2014, face à une croissance constante, les locaux d'E-net Business situés à Naninne (Namur) deviennent trop exigus. L'entreprise déménage alors dans un nouveau bâtiment sur la Nationale 4, à Assesse. Plus d'un million d'euros sont investis dans ce projet pour créer des locaux « high-tech » trois fois plus spacieux que les précédents. Fidèle à ses valeurs, Nicolas confie les travaux à des artisans locaux et veille à préserver autant que possible l'architecture originale du bâtiment.

En 2015, E-net Business franchit un nouveau cap en dépassant la barre des **1 000 clients,** tout en maintenant un taux de satisfaction exceptionnel de **98,41 %**.

BURN OUT

Chemin vers une vraie guérison du burn out grâce aux avancées technologiques et scientifiques

Le succès est au rendez-vous. Chaque mois, des dizaines de nouveaux clients rejoignent E-net Business, ce qui nécessite l'engagement de nouveaux collaborateurs. Peu après le déménagement des locaux de Naninne à Assesse, l'entreprise double presque ses effectifs. Conscient des défis liés à cette croissance rapide, Nicolas décide de chercher un consultant en Ressources Humaines pour l'accompagner dans cette nouvelle étape.

L'importance de l'entourage

Avec son expérience entrepreneuriale et les leçons tirées de ses burn outs, Nicolas a compris que la clé de la réussite réside dans le fait d'être bien entouré. Collaborer avec des personnes qui partagent les mêmes valeurs humaines est essentiel. Il définit ainsi ses trois piliers fondamentaux :

1. **L'Humain et la loyauté** : Mettre l'humain au centre de toutes les décisions et interactions. Cela signifie honorer ses engagements, soutenir ses collaborateurs, clients et partenaires, et toujours agir avec honnêteté et sincérité.

2. **Le respect et la bienveillance** : Traiter les autres avec dignité et considération, tout en promouvant un environnement où chacun se sent valorisé. La bienveillance implique d'agir avec gentillesse et de prendre soin des autres, favorisant une atmosphère de compréhension mutuelle.

3. **Cultiver des relations saines et positives** : Accorder une grande importance à la qualité des relations, qu'elles soient professionnelles ou personnelles. Cela passe par une communication ouverte et

honnête, une gestion constructive des conflits, et la création de liens basés sur la confiance et la réciprocité.

Ces valeurs sont devenues le socle des choix de Nicolas pour bâtir une équipe solide et harmonieuse.

Trouver le bon consultant

Trouver un consultant en Ressources Humaines s'avère une tâche bien plus complexe qu'il ne l'avait imaginé. En effectuant une recherche Google avec la requête « **meilleur consultant ressources humaines Namur** », Nicolas est submergé par des centaines de résultats. Il rencontre plusieurs professionnels, mais aucun ne semble correspondre à ses attentes ou à ses valeurs.

Nicolas apprend alors une leçon importante : lorsque l'on met l'Humain, la loyauté, le respect, et la bienveillance au centre de ses décisions, on attire naturellement des personnes partageant ces mêmes valeurs. Plutôt que de continuer ses recherches sur Internet, Nicolas décide de se tourner vers son réseau. Il contacte plusieurs entrepreneurs namurois, cherchant leurs recommandations.

Un nom revient fréquemment : **Olivier Van Hove**, consultant en Ressources Humaines. Curieux, Nicolas effectue une recherche Google et parcourt les réseaux sociaux, mais ne trouve aucune information significative sur lui. Face à cette absence de données, Nicolas décide de suivre son intuition et de faire confiance à son réseau. Il appelle directement Olivier Van Hove, convaincu que cette recommandation est la bonne.

Une rencontre marquante et décisive

La première rencontre entre Nicolas Pourbaix et Olivier Van Hove, consultant en Ressources Humaines, a lieu dans les locaux de Sart-Bernard. Initialement prévue pour une durée d'une heure, cette réunion de présentation va finalement s'étendre sur plus de quatre heures, tant le courant passe bien entre les deux hommes.

Qui est Olivier Van Hove ?

Olivier Van Hove est le directeur de MG Consultants, une entreprise belge spécialisée dans les ressources humaines. En tant que consultant RH, il intervient sur des sujets clés tels que le management, le leadership, l'épanouissement des collaborateurs, et l'amélioration des performances en entreprise. Sa société propose une large gamme de services : formation, coaching, recrutement, et solutions logicielles RH. Sa mission principale est d'aider les entreprises à mieux gérer leur personnel, à valoriser les compétences individuelles, et à relever les défis organisationnels.
Lors de cette première rencontre, Olivier expose sa vision à Nicolas : il place l'épanouissement des collaborateurs et la prévention des risques liés au burn out au cœur de ses priorités. Pour lui, le bien-être au travail n'est pas un luxe, mais une condition essentielle à une performance durable.

P-QUID®, un outil révolutionnaire

Parmi les outils qu'il utilise, Olivier présente **P-QUID®**, une solution d'analyse comportementale particulièrement innovante. Cet outil s'appuie sur des algorithmes avancés pour fournir une compréhension fine de la personnalité, des comportements, et des réactions d'un individu au sein d'un environnement professionnel. P-QUID® permet notamment :

- D'identifier les compétences comportementales des collaborateurs.

- De découvrir leurs intérêts et motivations profondes.

- D'analyser leur manière de gérer les situations sereines et les périodes de stress.

Grâce à ces informations, P-QUID® aide les organisations à adapter leurs stratégies managériales pour favoriser l'épanouissement professionnel, tout en réduisant les risques de burn out. Olivier explique que cet outil n'est pas simplement destiné à analyser, mais également à construire des environnements de travail plus harmonieux et productifs.

Une rencontre marquante

Nicolas se souvient avec émotion de cette première rencontre. Ce qui aurait pu être une simple réunion d'une heure s'est transformé en un échange riche et intense, durant plus de quatre heures. Les discussions bienveillantes, les partages d'expériences, et les visions alignées sur les valeurs humaines ont marqué un véritable tournant. Cette rencontre n'a pas seulement été professionnelle ; elle a également posé les bases d'une collaboration fondée sur des valeurs communes et un profond respect mutuel.

Détection du burn out chez Nicolas suivi d'un plan d'actions

Lors de ces rencontres avec Olivier, Nicolas ne lui révèle pas qu'il a déjà été victime de burn out. Ce n'est qu'à travers l'utilisation de l'outil scientifique P-QUID®, basé sur l'intelligence artificielle et les neurosciences (encore elles !), que la situation devient claire.

P-QUID® détecte rapidement un **niveau de risque élevé de burn out**, allant même jusqu'à analyser avec précision les expériences passées de Nicolas. Cet outil prédictif s'appuie sur un questionnaire de 20 minutes pour identifier les zones de confort, les défis, et les sources de frustration. Il fournit une analyse graphique détaillée du comportement de Nicolas en situation de stress ou de tension. P-QUID® anticipe ses réactions face à des défis importants, évalue ses ressources intérieures mobilisables en période de stress, et formule des recommandations adaptées pour éviter toute perte de performance ou de confiance en soi.

Une évaluation approfondie

J'ai retrouvé l'analyse P-QUID® de 2014 effectuée sur Nicolas. L'outil identifiait plusieurs forces marquantes qui font de Nicolas un leader efficace et inspirant :

- **Esprit analytique et stratégique** : Nicolas excelle dans la planification et la mise en œuvre de projets complexes.

- **Autorité naturelle et charisme** : Ces qualités lui permettent de mobiliser et de convaincre aisément son entourage.

- **Résilience face aux défis** : Sa capacité à surmonter les obstacles est un atout majeur.

- **Compétences relationnelles** : Elles favorisent un climat de confiance et d'harmonie, essentiel pour bâtir et maintenir un réseau efficace.

Cependant, P-QUID® mettait également en lumière certaines faiblesses susceptibles de freiner son plein potentiel :

- **Intolérance aux retards et obstacles** : Cela peut engendrer des tensions, particulièrement en situation de stress.

- **Besoin marqué de reconnaissance** : Associé à un souci d'éviter les conflits, cela peut détourner son attention des objectifs prioritaires.

Les menaces identifiées en 2014

P-QUID® identifie également des menaces claires, notamment un risque élevé de burn out. Nicolas a une tendance à s'investir entièrement dans ses projets, ce qui, sans équilibre ou recul, peut entraîner un **surmenage aggravé**. Cet engagement total, bien que louable, devient une menace s'il n'est pas accompagné de limites claires.

Une analyse renforcée en 2025

En 2025, grâce aux avancées récentes en intelligence artificielle et en neurosciences, P-QUID® renforce la précision de ses analyses avec un module dédié, **P-quid® Risk**, qui propose des plans d'actions personnalisés pour un épanouissement durable.

Dans cette nouvelle dimension, l'évaluation de Nicolas met en évidence quatre profils majeurs qui contribuent à son risque de burn out :

1. **Perfectionniste (Très élevé)**
   Exigence constante de standards élevés (Très élevé) et autocritique importante (Elevé), entraînant une insatisfaction chronique et un stress élevé.

2. **Altruiste (Modéré)**
   Bien que modéré, son désir d'aider (Modéré) peut provoquer une surcharge émotionnelle, surtout s'il néglige ses propres besoins.

3. **Créatif (Elevé)**
   Son besoin de liberté et d'innovation, bien que moins lié directement au burn out, pourrait, en cas de frustration ou d'environnement rigide, contribuer à une érosion progressive de sa motivation.

4. **Super performant (Très élevé)**
   Investissement intense (Très élevé) et valorisation excessive de la performance (Très élevé), plaçant Nicolas dans une catégorie à risque élevé d'épuisement en l'absence de repos et de limites claires.

En conclusion, **P-quid® Risk** a évalué le **risque global de burn out de Nicolas**. Sans surprise, il obtient un risque à « très élevé » de burn out, en raison de son perfectionnisme, sa créativité et de son profil de super performant. Par conséquent, il tente d'appliquer au mieux les recommandations du diagnostic **P-quid® Risk**.

Une ressource pour les lecteurs

A la fin de ce livre, la version de **P-quid® Risk** sera mise à votre disposition. Vous pourrez ainsi réaliser un diagnostic de votre niveau de risque lié au burn out, avec des pistes pour mieux comprendre vos comportements et prévenir cet épuisement professionnel.

Burn out : les différentes pathologies

P-QUID®, outil largement évoqué dans les pages précédentes, est capable d'identifier et de travailler sur la majorité des pathologies liées au burn out. Son principal objectif est d'agir en prévention, en aidant à développer des stratégies personnalisées adaptées à chaque individu, pour lui éviter de se mettre dans des situations de souffrance ou de détresse personnelle.

Voici les principales pathologies de burn out identifiées par différents experts, ainsi que les outils et techniques qui peuvent être généralement déployés afin d'en sortir:

1. Burn out professionnel

Les personnes concernées ressentent un épuisement émotionnel persistant, accompagné d'un désengagement ou d'un cynisme vis-à-vis de leur travail. Elles éprouvent souvent un sentiment d'inefficacité ou d'échec dans leurs tâches.

- **Causes fréquentes** : Une charge de travail excessive, un manque de reconnaissance des efforts fournis, des conflits au travail, ou un manque de contrôle sur leurs responsabilités.

- **Outils et technique**s : Pour surmonter le burn out professionnel, il est évidemment essentiel d'encourager un meilleur équilibre entre vie professionnelle et personnelle, notamment en instaurant des plages horaires sans travail. Mettre en place un mentorat ou un programme de soutien au travail peut également permettre de partager les responsabilités et de rompre l'isolement. Des formations sur la gestion du stress et le renforcement des compétences professionnelles sont particulièrement utiles. En parallèle, l'utilisation d'outils de gestion des priorités et des tâches aide à réduire la surcharge cognitive. Enfin, il est important de promouvoir des pauses régulières, y compris des congés, pour prévenir l'épuisement. En parallèle de ce travail, l'outil P-QUID® peut jouer un rôle clé en analysant les comportements et les motivations profondes de l'individu. En identifiant ses compétences comportementales et en comprenant sa manière de gérer le stress, l'outil, pour autant que l'on tienne compte de son analyse, permet de créer un environnement de travail harmonieux et épanouissant.

Dans les prochaines pages, nous allons approfondir le burn out professionnel, en examinant ses spécificités, ses impacts, et les stratégies pour le prévenir ou le surmonter.

2. *Burn out parental*

Ce type de burn out touche les parents, qui éprouvent un épuisement dans leur rôle. Ils peuvent ressentir un détachement émotionnel vis-à-vis de leurs enfants et une perte de satisfaction dans leur parentalité.

- **Causes fréquentes** : La pression pour être un parent parfait, un manque de soutien familial ou extérieur, et le cumul des responsabilités familiales et professionnelles.

- **Outils et techniques** : Les parents en burn out peuvent bénéficier de moments de bien-être personnels, tels que des activités relaxantes ou sportives. Le partage des tâches parentales au sein du couple ou avec des proches est une solution efficace pour alléger la charge mentale. Par ailleurs, des groupes de soutien offrent un espace pour échanger avec d'autres parents dans des situations similaires. Il peut être utile d'apprendre à déléguer certaines responsabilités à des professionnels, comme des baby-sitters, par exemple. Enfin, des pratiques de pleine conscience peuvent aider les parents à mieux gérer leur stress au quotidien.

3. Burn out émotionnel

Les personnes souffrent d'un épuisement émotionnel intense, avec des difficultés à se détacher des problèmes des autres. Une désensibilisation émotionnelle peut apparaître avec le temps.

- **Causes fréquentes** : Une empathie excessive, des relations toxiques ou exigeantes, et une surcharge émotionnelle constante.

- **Outils et techniques** : Pour sortir du burn out émotionnel, il est important d'identifier et de réduire les relations toxiques ou les sources d'épuisement émotionnel. Les pratiques de gestion des émotions, telles que la méditation ou la thérapie émotionnelle, permettent de mieux vivre ces situations. Développer des frontières saines pour limiter l'implication excessive dans les problèmes des autres est également crucial. En complément, des techniques de relaxation, comme le yoga ou les exercices de respiration, aident à relâcher la tension. Participer à des groupes de soutien ou consulter un thérapeute spécialisé en gestion émotionnelle peut également s'avérer bénéfique.

4. Burn out numérique (ou digital)

Ce burn out est lié à une fatigue cognitive accrue due à la surconnexion. Les individus éprouvent une difficulté à se déconnecter et un sentiment d'être submergé par les informations.

- **Causes fréquentes** : Les notifications constantes, la pression pour répondre immédiatement, et un manque de frontières entre vie professionnelle et personnelle.

- **Outils et techniques** : La gestion du burn out numérique passe par la mise en place de limites claires pour la consommation digitale, comme des heures sans écran. Il est également utile d'utiliser des applications permettant de filtrer ou limiter les notifications intrusives. Privilégier des plages de déconnexion complète, notamment pendant les repas ou avant le coucher, contribue à préserver un équilibre. Des périodes régulières de «détox digitale» peuvent être instaurées pour reposer l'esprit. Enfin, il est recommandé de favoriser des activités hors ligne, telles que la lecture, le sport ou le contact avec la nature, afin de réduire la fatigue cognitive.

5. Burn out étudiant

Les étudiants perdent leur motivation pour les études, ce qui impacte leurs résultats. Ils subissent un épuisement mental et physique prolongé, accompagné d'une anxiété omniprésente.

- **Causes fréquentes** : Le surmenage scolaire, un manque de soutien, un sentiment de solitude, le stress des examens, et des attentes parentales élevées, mauvais choix d'orientation en début du cycle d'études, changement dans la vie ou dans l'environnement de l'étudiant qui l'amène à remettre ses choix en cause.

- **Outils et techniques** : Prendre le temps de procéder une orientation pour l'étudiant avant de démarrer son cycle d'études est un excellent début. Lui permettre de suivre une session de réorientation professionnelle en cours de cycle peut être également une piste., Enfin, s'appuyer sur des outils (tels que P-QUID®) lui permettant de se connecter ou de se reconnecter à ses motivations profondes, à ses rêves, est essentiel.

6. Burn out relationnel

Ce type de burn out se manifeste par un épuisement émotionnel dans les relations. Les personnes deviennent irritables ou développent un détachement émotionnel envers leurs proches.

- **Causes fréquentes** : Des relations déséquilibrées ou toxiques, des conflits non résolus, et des attentes irréalistes de la part des proches.

- **Outils et techniques** : Pour dépasser un burn out relationnel, il est essentiel d'apprendre à communiquer de manière assertive afin d'exprimer ses besoins et ses limites. Les séances de thérapie de couple ou familiale peuvent également être une aide précieuse pour résoudre les conflits persistants. Revoir ses attentes vis-à-vis des relations et cultiver des amitiés équilibrées et enrichissantes est une démarche bénéfique. Enfin, s'accorder des moments de solitude ou dédiés à des activités personnelles permet de se ressourcer.

7. Burn out spirituel

Les personnes concernées ressentent une perte de sens ou une désillusion profonde, accompagnées d'une fatigue morale ou spirituelle importante.

- **Causes fréquentes** : Des conflits internes de valeurs, un manque de réponses à des questions existentielles, et la quête de perfection ou de sens.

- **Outils et techniques** : Pour faire face au burn out spirituel, il est conseillé d'explorer des pratiques de reconnexion à soi-même, telles que la méditation, le journaling (tenir un journal personnel où déposer ses pensées et émotions) ou les retraites spirituelles. Trouver des réponses aux questions existentielles à travers la philosophie, des lectures inspirantes ou l'accompagnement d'un guide spirituel peut être une voie salutaire. Il est également important de développer un réseau de soutien pour partager ses réflexions et éviter l'isolement. Participer à des activités de type « bénévolat » peut aider à trouver un sens à travers le service aux autres. Enfin, apprendre à accepter l'imperfection et à lâcher prise sur des attentes trop élevées est essentiel pour retrouver un équilibre intérieur.

Points communs entre les différents types de burn out

Malgré leurs spécificités, toutes ces formes de burn out partagent des éléments communs :

1. **L'épuisement** : Qu'il soit physique, émotionnel ou mental, il reste au cœur de toutes les formes de burn out.

2. **Le détachement ou désengagement** : Une perte de sens, un déphasage émotionnel ou une souffrance psychologique vis-à-vis de ses responsabilités ou de son entourage.

3. **Un sentiment d'inefficacité ou de perte** : Une impression de ne plus réussir ou de ne plus être à la hauteur.

Les 9 formes du burn out professionnel

Le burn out professionnel, reconnu comme l'une des problématiques majeures de santé mentale au travail, se manifeste sous différentes formes. Elles résultent d'un stress chronique et prolongé et ont des répercussions variées sur la santé physique, émotionnelle et mentale des individus.

P-QUID®, à nouveau, se présente dans ce cadre comme un outil de prévention essentiel, capable de détecter les signaux d'alerte, de proposer des stratégies personnalisées et d'accompagner les individus dans une démarche de résilience durable. Voici un aperçu des 9 principales formes de burn out professionnel que j'ai pu détecter. Par la suite, je détaillerai chacune des formes en profondeur tout en proposant des recommandations. Ces conseils s'appuient sur le retour d'expérience de Nicolas Pourbaix, l'expertise du consultant RH Olivier Van Hove, et les stratégies de prévention développées avec **P-QUID® Risk**:

1. Forme liée à la surcharge de travail

Cette forme survient lorsque les demandes professionnelles dépassent les capacités physiques, mentales ou émotionnelles de l'individu.

- **Origines** : Charge excessive, délais irréalistes, manque de soutien organisationnel.
- **Manifestations** : Épuisement physique, perte de concentration, et sentiment de débordement constant.

2. Forme liée au manque de reconnaissance

Elle découle d'un sentiment d'injustice ou de sous-estimation des efforts fournis.

- **Origines** : Absence de feedback, manque de valorisation, stagnation professionnelle.
- **Manifestations** : Frustration, démotivation, perte d'estime de soi, et déconnexion progressive avec le travail.

3. *Forme liée à la perte de sens (ou existentiel)*

Ce type de burn out apparaît lorsqu'un décalage se forme entre les valeurs personnelles et les tâches effectuées.

- **Origines** : Travail routinier, absence d'impact perçu, conflits avec ses convictions personnelles.
- **Manifestations** : Désillusion profonde, désengagement émotionnel, et sentiment de vide professionnel.

4. *Forme relationnelle*

Cette forme se développe dans des environnements de travail conflictuels ou marqués par des relations toxiques.

- **Origines** : Tensions constantes, harcèlement moral, manque de collaboration.
- **Manifestations** : Sentiment d'isolement, méfiance accrue, et épuisement émotionnel.

5. *Forme liée à la surcharge émotionnelle*

Elle touche particulièrement les professions exigeant une forte implication émotionnelle (soins, éducation, aide à la personne).
- **Origines** : Empathie excessive, gestion de situations émotionnellement lourdes.
- **Manifestations** : Épuisement émotionnel, difficulté à se détacher,

et hypersensibilité.

6. Forme liée au manque de contrôle

Cette forme provient d'un sentiment d'impuissance face à l'organisation du travail.

- **Origines** : Manque d'autonomie, directives floues, micromanagement oppressant.
- **Manifestations** : Frustration, désengagement, et impression de subir constamment.

7. Forme liée à l'isolement

Provoquée par un manque de connexion sociale, elle est particulièrement exacerbée par le télétravail ou des environnements de travail isolants.

- **Origines** : Absence d'interactions humaines, faible soutien social.
- **Manifestations** : Sentiment de solitude, abandon, et difficulté à trouver un appui adapté.

8. Forme liée au conflit de rôle

Elle apparaît lorsque les attentes professionnelles sont contradictoires ou mal définies.

- **Origines** : Exigences incohérentes, responsabilités mal réparties.
- **Manifestations** : Stress intense, frustration, et impression de ne jamais répondre aux attentes.

9. Forme liée aux phases de changement

Cette forme se manifeste lors de transformations organisationnelles (restructurations, adoption de nouvelles technologies, etc.).

- **Origines** : Incertitude, manque de communication, perte de repères.
- **Manifestations** : Résistance au changement, anxiété, et sentiment d'instabilité.

Une exploration approfondie

Dans les pages suivantes, nous allons parcourir en détail chacune de ces pathologies. À travers des exemples concrets et des recommandations pratiques, je partagerai des stratégies pour prévenir ou gérer ces formes de burn out. Ces conseils s'appuient sur le retour d'expérience de Nicolas Pourbaix, l'expertise du consultant RH Olivier Van Hove, et les stratégies de prévention développées avec P-QUID® Risk.

Burn out par surcharge de travail

Le burn out par surcharge de travail est l'une des formes les plus répandues de burn out professionnel. Les personnes touchées ressentent un **épuisement physique et mental constant**, accompagné d'une irritabilité accrue, d'une perte de motivation et de **difficultés à se concentrer**.

Cette pathologie est souvent aggravée par un manque de ressources ou de soutien organisationnel. Les délais irréalistes et les tâches répétitives sont également des facteurs aggravants.

Des exemples concrets de surcharge de travail

- **Dans le secteur privé :**

    Julie, consultante en marketing, jongle entre les attentes élevées de ses clients et la gestion simultanée de multiples projets. Travaillant souvent tard le soir et les week-ends, elle ne parvient plus à se reposer ni à se déconnecter. Cet état permanent de surcharge la conduit à un épuisement mental et émotionnel, affectant sa créativité et ses performances. Finalement, Julie est contrainte de prendre un congé maladie prolongé, mettant sa carrière en pause.

- **Dans le secteur public :**

    Pierre, cadre administratif, subit une réduction drastique des effectifs dans son service, alors que les exigences de son poste restent inchangées. La charge de travail doublée, combinée à la pression des retards accumulés et aux plaintes des citoyens, provoque des troubles du sommeil, des migraines chroniques et une frustration croissante. Face à cette situation, Pierre envisage de quitter son poste pour préserver sa santé mentale.

- **Chez les indépendants :**

    Amélie, pâtissière artisanale, connaît un succès non anticipé qui entraîne une demande croissante. Gérant tout toute seule, elle accumule les heures de travail au détriment de son bien-être. Épuisée, elle commence à faire des erreurs, ce qui impacte sa réputation. Incapable de continuer dans ces conditions, Amélie décide de fermer temporairement sa boutique pour se reposer et se réorganiser.

- **Dans une PME :**

    Marc, dirigeant d'une entreprise de services IT, doit gérer non seulement la stratégie de son entreprise, mais aussi intervenir dans les opérations techniques pour pallier le manque de personnel qualifié. Cette surcharge affecte sa productivité, ses relations personnelles, et la performance globale de son entreprise. Marc finit par engager un consultant externe pour réorganiser ses activités et éviter des pertes supplémentaires.

- **Pour une personnalité publique :**

    Dorothée, personnalité politique, subit une pression intense liée aux attentes des médias et du public, notamment en période de crise. Ses journées de travail interminables la coupent de sa famille, et elle commet une erreur importante dans la gestion d'un dossier. Sous l'effet de la pression médiatique et politique, elle fait un malaise qui la contraint à interrompre ses fonctions.

Recommandations pour prévenir ou gérer le burn out par surcharge de travail

Si vous vous reconnaissez dans cette forme ou dans les exemples décrits ci-dessus, voici **cinq recommandations principales** pour prévenir ou gérer efficacement ce type de burn out.

1. Fixer des objectifs réalistes

- **Pourquoi** : Définir des objectifs atteignables diminue la pression et évite la frustration. Cela permet de maintenir un équilibre émotionnel tout en progressant vers les résultats souhaités.

- **Évaluation du niveau de priorité de cette solution selon P-QUID® Risk** : 9/10

- **Outils et techniques** : Utiliser la méthode SMART (Spécifique, Mesurable, Atteignable, Réaliste, Temporel), planifier des étapes intermédiaires, et recourir à des outils de gestion de projet comme Trello ou Asana.

2. Établir des priorités claires

- **Pourquoi** : Hiérarchiser les tâches aide à concentrer ses efforts sur les éléments essentiels et à réduire le sentiment de surcharge.

- **Évaluation du niveau de priorité de cette solution selon P-QUID® Risk** : 8/10

- **Outils et techniques** : Appliquer la matrice d'Eisenhower (important/urgent), utiliser des listes structurées et prioriser les activités dans un agenda numérique.

3. Imposer des limites sur les heures de travail

- **Pourquoi** : Fixer des heures de travail maximales prévient la surcharge et favorise un équilibre entre vie professionnelle et personnelle.

- **Évaluation du niveau de priorité de cette solution selon P-QUID®** Risk : 10/10

- **Outils et techniques** : Utiliser un minuteur pour structurer les sessions de travail (technique Pomodoro), adopter des horaires fixes avec des rappels d'arrêt, et employer des applications comme RescueTime pour limiter les distractions.

4. Encourager les pauses régulières

- **Pourquoi :** Intégrer des pauses courtes saines et régulières réduit la fatigue accumulée et augmente la productivité.

- **Évaluation du niveau de priorité de cette solution selon P-QUID®** Risk : 8/10

- **Outils et techniques** : Planifier des pauses toutes les 90 minutes (cycles ultradiens), intégrer des micro-exercices ou des moments de méditation, et utiliser des applications comme Stretchly pour rappeler de faire des pauses.

5. Apprendre à dire non

- **Pourquoi** : Refuser des tâches supplémentaires ou irréalistes aide à préserver son énergie et à clarifier ses limites.

- **Évaluation du niveau de priorité de cette solution selon P-QUID® Risk** : 8/10

- **Outils et techniques** : S'entraîner avec des techniques de communication assertives pour refuser poliment, utiliser une grille d'évaluation pour estimer la pertinence des tâches, et se former à la communication non violente. Mieux comprendre ce qui amène la personne à accepter des surcharges en travaillant sa connaissance de soi avec des outils tels que P-QUID®.

Ces stratégies offrent des pistes concrètes pour prévenir ou gérer efficacement le burn out par surcharge de travail. En adoptant ces pratiques, vous pouvez progressivement reprendre le contrôle de votre charge de travail tout en préservant votre santé mentale et physique.

Burn out par manque de reconnaissance

Le burn out par manque de reconnaissance résulte d'un **sentiment d'injustice** ou de **sous-estimation** dans le cadre professionnel. Les individus touchés ressentent une **démotivation croissante**, une **frustration persistante** et une **baisse de l'estime de soi**.

Les causes principales incluent l'absence de feedback positif, un manque de valorisation, des opportunités d'évolution professionnelle limitées, ou encore un **climat de favoritisme ou d'injustice**.

Des exemples concrets de manque de reconnaissance

- **Dans le secteur privé :**

    Paul, chef de projet dans une entreprise technologique, fournit énormément d'efforts à la réussite des projets de son équipe. Pourtant, ses supérieurs ne reconnaissent jamais ses réalisations, se contentant de lui assigner de nouvelles tâches sans considération pour son implication. Cette absence de valorisation entraîne chez lui un profond sentiment d'injustice, une perte de motivation et une baisse de son estime de soi. À terme, Paul se désengage de ses responsabilités, impactant la dynamique de son équipe.

- **Dans le secteur public :**

    Sophie, enseignante dans un lycée, consacre de longues heures à concevoir des cours innovants pour stimuler ses élèves. Cependant, elle ne reçoit aucune reconnaissance ni de la direction ni des parents, qui se concentrent uniquement sur les résultats scolaires. Peu à peu, elle se sent sous-estimée et frustrée, perdant le plaisir qu'elle trouvait dans son métier. Cette situation la pousse à envisager un changement de carrière.

- **Chez les indépendants :**

Lucas, photographe freelance, se heurte souvent à des clients exigeants qui demandent des retouches incessantes sans jamais exprimer de satisfaction pour son travail initial. Ce manque de retours positifs l'amène à douter de son talent, à refuser des contrats et finalement à envisager une reconversion professionnelle.

- **Dans une PME :**

Anne, responsable des ressources humaines, joue un rôle clé dans le recrutement et la gestion des équipes. Malgré ses efforts pour améliorer la qualité de vie au travail, ses initiatives sont rarement reconnues par la direction, et parfois même attribuées à d'autres. Ce manque de valorisation lui cause un fort sentiment de frustration et impacte sa motivation. Faute de reconnaissance, elle finit par demander une réorientation professionnelle qui ne sera pas accordée.

- **Pour une personnalité publique :**

Alejandra, dirigeante dans le monde associatif, consacre des années à défendre des causes sociales. Cependant, elle est critiquée publiquement pour des résultats jugés insuffisants, malgré son engagement. Ce décalage entre son implication et les retours reçus provoque un épuisement psychologique. Dévalorisée, Alejandra diminue ses activités et met son association en pause.

Recommandations pour prévenir ou gérer le burn out par manque de reconnaissance

Si vous vous identifiez à cette pathologie ou à l'un des exemples ci-dessus, voici **cinq recommandations** pour renforcer la perception de votre valeur et prévenir ce type de burn out.

1. Encourager le feedback constructif

- **Pourquoi** : Les retours constructifs valorisent les efforts et renforcent la motivation en montrant que le travail est vu et apprécié.

- **Évaluation du niveau de priorité de cette solution selon P-QUID® Risk** : 9/10

- **Outils et techniques** : Organiser des réunions régulières pour partager et recevoir des feedbacks (hebdomadaires et en mode « one ton one »), utiliser des plateformes collaboratives comme Slack ou Asana, et former les managers à l'art du feedback positif.

2. Créer un système de reconnaissance formelle

- **Pourquoi** : Mettre en place des récompenses formelles valorise les contributions et combler le besoin d'estime des collaborateurs.

- **Évaluation du niveau de priorité de cette solution selon P-QUID® Risk** : 8/10

- **Outils et techniques** : Introduire des primes, des « incentives » afin que la personne puisse se sentir reconnue pour ses performances personnelles, organiser des événements pour célébrer les succès collectifs.

3. Célébrer les petites victoires

- **Pourquoi** : Valoriser les progrès, même modestes, aide à maintenir une dynamique positive et à réduire la frustration.

- **Évaluation du niveau de priorité de cette solution selon P-QUID® Risk** : 8/10

- **Outils et techniques** : Tenir un tableau des accomplissements, organiser des moments de célébration en équipe, et utiliser des outils comme Trello ou Notion pour mettre en avant les étapes accomplies.

4. Développer une culture de l'appréciation

- **Pourquoi** : Promouvoir la gratitude et les remerciements réguliers renforce le sentiment d'appartenance et d'estime au sein de l'équipe.

- **Évaluation du niveau de priorité de cette solution selon P-QUID® Risk** : 8/10

- **Outils et techniques** : Introduire des moments dédiés à la gratitude lors des réunions, former les managers à valoriser leurs collaborateurs, former vos responsables d'équipes les plus seniors à comment donner du feedback positif et négatif aux jeunes générations

5. Apprendre à se valoriser soi-même par rapport à ses réalisations

- **Pourquoi** : Renforcer son estime de soi permet de réduire la dépendance à la reconnaissance externe, particulièrement dans des environnements peu valorisants.

- **Évaluation du niveau de priorité de cette solution selon P-QUID® Risk : 9/10**

- **Outils et techniques** : Tenir un journal des accomplissements, instaurer des techniques de feedback à 360°, établir des bilans personnels réguliers avec l'aide d'un coach interne à l'entreprise pour les grandes entreprises, ou externe pour les plus petites ou moyennes entreprises.

Ces recommandations visent à créer un environnement de travail où la reconnaissance devient une priorité, tant au niveau individuel qu'organisationnel. En mettant en œuvre ces pratiques, vous pourrez non seulement renforcer votre bien-être, mais également prévenir des impacts négatifs à long terme.

Burn out par perte de sens (ou existentiel)

Le burn out par perte de sens, aussi appelé burn out existentiel, survient lorsque les individus **perdent tout intérêt** pour leur travail et développent un **sentiment d'inutilité** ou d'aliénation face à leurs tâches. Une **charge et un enjeu émotionnels extrêmes** vis-à-vis de leur activité professionnelle s'installe progressivement, rendant chaque journée plus pesante.

Cette pathologie est souvent alimentée par un **travail routinier**, des tâches perçues comme **contraires aux valeurs personnelles**, ou l'absence d'une **mission claire** ou d'une **vision d'entreprise inspirante**.

Des exemples concrets de perte de sens

- **Dans le secteur privé :**

    Mathilde, ingénieure dans une entreprise de fabrication, passe ses journées à superviser la production de produits de beauté qu'elle juge inutiles et non respectueux de l'environnement. Bien qu'elle ait choisi cette carrière pour concevoir des solutions innovantes, elle se retrouve à exécuter des tâches routinières dépourvues d'impact. Cette perte de lien entre ses valeurs personnelles et son travail provoque un **sentiment d'aliénation**. Peu motivée, Mathilde voit ses performances décliner et son bien-être affecté.

- **Dans le secteur public :**

    Thomas, médecin généraliste dans un centre de santé rural, ressent un profond décalage entre sa vocation d'aider les autres et la réalité de son quotidien. Submergé par des contraintes administratives, il passe plus de temps à remplir des formulaires qu'à soigner ses patients. Ce **manque de sens** dans son activité le pousse à envisager de quitter la médecine pour se réorienter vers une activité plus épanouissante.

- **Chez les indépendants :**

Laura, coach de vie, se rend compte qu'elle a progressivement dévié de sa mission initiale d'aider et d'accompagner les autres. Ses séances, autrefois passionnantes, sont devenues mécaniques et centrées sur des objectifs de performance et de résultats. Elle ressent un **vide émotionnel** et une désillusion profonde envers son métier. Cette perte de sens impacte la qualité de son accompagnement, et elle décide de réduire son activité pour prendre du recul.

- **Dans une PME :**

Damien, responsable logistique, est confronté à un **désintérêt croissant** pour son travail. Ses journées répétitives et exclusivement orientées vers l'optimisation des coûts lui donnent l'impression de contribuer à un système déshumanisé. Ne percevant plus l'impact positif de ses efforts, Damien finit par démissionner pour chercher un emploi en adéquation avec ses valeurs.

- **Pour une personnalité publique :**

Émilie, artiste et écrivaine, traverse une **crise existentielle**. Bien qu'elle soit largement reconnue pour ses œuvres, elle a l'impression d'écrire uniquement pour répondre aux attentes de son éditeur et de ses lecteurs, plutôt que par passion. Cette déconnexion entre ses aspirations créatives et sa carrière actuelle la pousse à envisager une pause prolongée, malgré les pressions de son entourage professionnel.

Recommandations pour prévenir ou gérer le burn out par perte de sens

Si vous vous identifiez à cette pathologie ou à l'un des exemples ci-dessus, voici **cinq recommandations** pour renforcer la perception de votre valeur et prévenir ce type de burn out.

1. Redéfinir sa mission professionnelle

- **Pourquoi** : Réaligner ses tâches avec ses valeurs personnelles aide à retrouver une satisfaction intrinsèque et une motivation durable.

- **Évaluation du niveau de priorité de cette solution selon P-QUID® Risk** : 10/10

- **Outils et techniques :** Réaliser un bilan de compétences, utiliser des outils de développement personnel comme l'Ikigai, ou participer à des ateliers de réflexion sur les valeurs professionnelles. Identifier ses aspirations professionnelles profondes afin d'être alignées avec elles avec des outils comme P-QUID®

2. Introduire des projets stimulants et significatifs

- **Pourquoi** : Travailler sur des projets alignés avec ses centres d'intérêt et ses valeurs favorise un réengagement et un sentiment d'accomplissement.

- **Évaluation du niveau de priorité de cette solution selon P-QUID® Risk** : 9/10

- **Outils et techniques** : Proposer des initiatives liées à la RSE, participer à des hackathons internes, ou intégrer des missions axées sur des causes sociales ou environnementales.

3. Identifier les sources d'insatisfaction

- **Pourquoi** : Comprendre ce qui génère frustration ou désillusion est essentiel pour prendre des mesures correctives adaptées.

- **Évaluation du niveau de priorité de cette solution selon P-QUID®**
  Risk : 9/10

- **Outils et techniques** : Réaliser des auto-évaluations régulières, utiliser des outils d'écoute interne (comme des questionnaires anonymes), instaurer un baromètre mesurant le niveau d'épanouissement et d'alignement du personnel avec les projets d'entreprises, travailler avec un coach professionnel.

4. Développer des liens sociaux significatifs au travail

- **Pourquoi** : Renforcer les relations avec ses collègues aide à retrouver un sentiment d'appartenance et à partager des objectifs communs.

- **Évaluation du niveau de priorité de cette solution selon P-QUID®**
  Risk : 8/10

- **Outils et techniques** : Participer à des activités d'équipe, rejoindre des groupes de réflexion internes ou externes, et organiser des moments informels pour échanger avec ses collègues.

5. Apprendre à reconnaître l'impact de son travail

- **Pourquoi** : Visualiser les résultats tangibles de son travail renforce la motivation et aide à surmonter le sentiment d'inutilité.

- **Évaluation du niveau de priorité de cette solution selon P-QUID® Risk** : 8/10

- **Outils et techniques** : Collecter des feedbacks clients, organiser des bilans d'équipe pour valoriser les réussites, ou demander des témoignages sur les projets réalisés, instaurer des outils qui permettent de mesurer à quel point la personne la personne peut mesurer les résultats de son implication (exemple baromètre avec curseurs d'engagement ou d'indifférence).

Burn out relationnel

Le burn out relationnel se manifeste par une **irritabilité croissante**, des **conflits fréquents**, ou un sentiment d'isolement dans les relations professionnelles. Les individus touchés se sentent souvent manipulés, exploités ou en décalage avec leur environnement social au travail. Cette pathologie est particulièrement fréquente dans les environnements marqués par le **harcèlement moral ou sexuel**, des **relations hiérarchiques tendues**, ou un **manque de soutien et de collaboration** entre collègues.

Des exemples concrets de burn out relationnel

- **Dans le secteur privé :**

    Clara, responsable commerciale dans une grande entreprise, est constamment en conflit avec son manager, qui critique systématiquement ses décisions. Ses collègues, peu coopératifs, la laissent gérer seule des projets complexes. Ces tensions génèrent une **fatigue émotionnelle intense**, conduisant Clara à éviter les interactions professionnelles. Son moral et ses résultats en pâtissent, la poussant à envisager de quitter son poste.

- **Dans le secteur public :**

    Jean, directeur d'une école primaire, subit des critiques constantes de la part des enseignants et des parents d'élèves, malgré ses efforts pour maintenir un environnement éducatif équilibré. L'**absence de soutien hiérarchique** renforce son sentiment d'isolement et d'impuissance. Épuisé, Jean perd progressivement sa motivation et envisage de démissionner pour préserver sa santé mentale.

- Chez les indépendants :

Sonia, architecte d'intérieur, doit gérer des **clients intrusifs et exigeants**, qui multiplient les demandes en dehors des horaires convenus et ignorent ses conseils d'experte. Ces relations déséquilibrées érodent sa créativité et son enthousiasme, au point qu'elle commence à refuser des contrats. Cette situation affecte directement son chiffre d'affaires et son bien-être.

- Dans une PME :

Olivier, chef d'équipe dans une société de maintenance industrielle, est pris entre les exigences élevées de ses supérieurs et les **résistances ouvertes** de ses collaborateurs. Certains refusent de suivre ses consignes, tandis que d'autres critiquent publiquement ses décisions. Ce climat tendu et déséquilibré l'épuise, le poussant à envisager une réorganisation interne ou une démission.

- Pour une personnalité publique :

Damien, journaliste et présentateur télé, doit gérer des critiques acerbes de ses collègues et sur les réseaux sociaux. Les attaques fréquentes créent un **sentiment de trahison et de méfiance**, le conduisant à s'isoler émotionnellement. Damien finit par envisager un retrait temporaire de la scène médiatique pour préserver sa santé mentale.

Recommandations pour prévenir ou gérer le burn out relationnel

Si vous vous identifiez à cette pathologie ou aux exemples ci-dessus, voici **cinq recommandations essentielles** pour rétablir des interactions professionnelles équilibrées et harmonieuses

1. Identifier et résoudre les conflits relationnels

- **Pourquoi** : Traiter rapidement les conflits aide à réduire le stress, à restaurer la collaboration et à prévenir l'escalade des tensions.

- **Évaluation du niveau de priorité de cette solution selon P-QUID® Risk** : 10/10

- **Outils et techniques** : Participer à des sessions de médiation, organiser des réunions avec un facilitateur neutre, ou suivre des formations en résolution de conflits.

2. Renforcer la communication interpersonnelle

- **Pourquoi** : Une communication claire et respectueuse réduit les malentendus et favorise un environnement de travail plus collaboratif.

- **Évaluation du niveau de priorité de cette solution selon P-QUID® Risk** : 9/10

- **Outils et techniques** : Participer à des formations en communication non violente, utiliser des outils comme DISC ou MBTI pour comprendre les dynamiques interpersonnelles, et instaurer des points de suivi réguliers, faire un mapping d'équipe afin de mieux comprendre les différences entre les membres de l'équipe (outil P-QUID® équipe).

3. S'entourer de personnes bienveillantes

- **Pourquoi** : Créer un réseau de soutien positif aide à compenser les relations toxiques et offre un espace pour se ressourcer.

- **Évaluation du niveau de priorité de cette solution selon P-QUID® Risk** : 8/10

- **Outils et techniques** : Rejoindre des groupes professionnels de soutien, organiser des activités sociales informelles, ou chercher des mentors dans son domaine.

4. Poser des limites claires dans les relations professionnelles

- **Pourquoi** : Définir des limites respectueuses empêche les abus et préserve l'équilibre émotionnel dans les interactions professionnelles.

- **Évaluation du niveau de priorité de cette solution selon P-QUID® Risk** : 9/10

- **Outils et techniques** : Suivre des formations en assertivité, pratiquer des scripts pour formuler des limites claires, ou solliciter un coach pour apprendre à gérer les relations complexes.

5. Prendre du recul sur les relations difficiles

- **Pourquoi** : L'analyse objective des dynamiques relationnelles aide à comprendre leur origine et leur impact, évitant ainsi des réactions impulsives ou excessives.

- **Évaluation du niveau de priorité de cette solution selon P-QUID®**
  Risk : 8/10

- **Outils et techniques** : Suive une formation sur la gestion des émotions, pratiquer la pleine conscience pour gérer ses émotions, tenir un journal pour analyser les interactions difficiles, ou consulter un coach professionnel pour explorer des solutions adaptées.

Ces recommandations offrent des outils pratiques pour restaurer des relations professionnelles équilibrées et prévenir l'épuisement émotionnel. Adopter ces stratégies peut transformer un environnement toxique en un cadre de travail propice à l'épanouissement personnel et collectif.

Burn out par surcharge émotionnelle

Le burn out par surcharge émotionnelle est caractérisé par un **épuisement émotionnel intense,** pouvant évoluer vers une **désensibilisation émotionnelle** et un sentiment persistant de vide. Les personnes touchées sont souvent submergées par une empathie excessive, absorbant les émotions des autres au détriment de leur propre équilibre. L'absence de frontières claires entre vie professionnelle et vie privée aggrave souvent cette forme.

Des exemples concrets de burn out par surcharge émotionnelle

- Dans le secteur privé :

    Marie, chargée de clientèle dans une banque, passe de longues heures à écouter les difficultés de ses clients en situation financière délicate. Empathique, elle s'investit émotionnellement dans chaque dossier, mais cette implication constante finit par la **submerger**. Elle ressent une fatigue chronique, des troubles du sommeil, et un sentiment de vide, la conduisant à un congé pour épuisement.

- Dans le secteur public :

    Bernard, travailleur social, est quotidiennement confronté à des histoires de détresse. Malgré sa volonté d'aider, il se heurte à des **limites institutionnelles** qui le frustrent et alimentent son sentiment d'impuissance. Progressivement, il se retire socialement et commence à envisager de quitter son poste.

- **Chez les indépendants :**

Léa, psychologue, vit une surcharge émotionnelle liée à son **engagement excessif** envers ses patients. Les récits traumatiques qu'elle entend quotidiennement s'accumulent, envahissant ses pensées en dehors de son cadre professionnel. Léa réduit son nombre de consultations pour préserver sa santé mentale, mais cette décision impacte son revenu et son sentiment d'accomplissement.

- **Dans une PME :**

Samuel, manager dans une entreprise de services, passe ses journées à **résoudre des conflits** ou à répondre aux attentes émotionnelles de ses collaborateurs. Submergé par ces sollicitations, il perd de vue ses propres tâches et finit par envisager une réorganisation de son rôle ou une démission pour retrouver un équilibre.

- **Pour une personnalité publique :**

Élodie, chanteuse engagée dans des causes humanitaires, est submergée par les attentes émotionnelles de ses fans et des associations qu'elle soutient. La culpabilité de ne pouvoir répondre à toutes les demandes mine sa créativité et sa santé mentale. Élodie décide de se retirer temporairement pour se recentrer.

Recommandations pour prévenir ou gérer le burn out par surcharge émotionnelle

Si vous vous reconnaissez dans cette forme ou dans un des exemples ci-dessus, voici **cinq recommandations essentielles** pour équilibrer votre empathie et préserver votre bien-être émotionnel.

1. Apprendre à gérer ses émotions

- **Pourquoi** : Reconnaître et exprimer ses émotions de manière saine aide à réduire leur poids et à mieux faire face aux situations exigeantes.

- **Évaluation du niveau de priorité de cette solution selon P-QUID® Risk** : 10/10

- **Outils et techniques** : Participer à des formations en intelligence émotionnelle, tenir un journal émotionnel, pratiquer des exercices de respiration ou de méditation.

2. Mettre en place des limites émotionnelles claires

- **Pourquoi** : Fixer des limites empêche d'absorber les émotions des autres, protégeant ainsi son propre équilibre.

- **Évaluation du niveau de priorité de cette solution selon P-QUID® Risk** : 9/10

- **Outils et techniques** : Suivre des formations en assertivité, pratiquer des visualisations pour se protéger émotionnellement, ou solliciter un coach pour apprendre à fixer des limites sans culpabiliser.

3. Intégrer des moments de déconnexion émotionnelle

- **Pourquoi** : Ces pauses permettent de se recentrer et de récupérer de l'énergie face à des charges émotionnelles intenses.

- **Évaluation du niveau de priorité de cette solution selon P-QUID® Risk** : 9/10

- **Outils et techniques** : se former à la gestion du stress, programmer des pauses régulières, utiliser des applications comme Calm ou Headspace, ou pratiquer la pleine conscience pour mieux gérer les émotions accumulées.

4. Établir des rituels de ressourcement

- **Pourquoi** : Se créer des moments de ressourcement favorise un retour à l'équilibre émotionnel et réduit les impacts négatifs de la surcharge.

- **Évaluation du niveau de priorité de cette solution selon P-QUID® Risk** : 8/10

- **Outils et techniques** : Intégrer des activités relaxantes comme le yoga ou les promenades en nature, ou développer des loisirs créatifs pour se détacher des situations exigeantes.

5. Apprendre à dire non aux sollicitations émotionnelles excessives

- **Pourquoi** : Dire non protège son bien-être et évite une surcharge inutile.

- **Évaluation du niveau de priorité de cette solution selon P-QUID® Risk** : 8/10

- **Outils et techniques** : Participer à des ateliers sur la gestion des limites, pratiquer des scripts d'assertivité pour refuser poliment mais fermement, ou consulter un mentor pour apprendre à gérer les relations complexes

Ces recommandations offrent des **solutions concrètes** pour équilibrer l'investissement émotionnel et préserver une énergie mentale optimale. Les intégrer dans votre quotidien peut transformer votre expérience professionnelle en un espace épanouissant et équilibré.

Burn out par manque de contrôle

Le burn out par manque de contrôle résulte d'un **sentiment d'impuissance** ou de frustration dans l'exécution du travail. Les individus concernés ressentent une **anxiété accrue**, souvent accompagnée d'irritabilité et d'un **désengagement progressif**. Cette forme est fréquemment alimentée par des pratiques de **micromanagement**, une absence d'autonomie ou une **gestion imprévisible** des priorités.

Des exemples concrets de burn out par manque de contrôle

- **Dans le secteur privé :**

    Lucas, employé dans un centre d'appels, voit chaque minute de sa journée strictement contrôlée. Avec des objectifs rigides et des scripts imposés, il ne peut adapter son travail aux besoins des clients. Cette absence d'autonomie crée chez lui une frustration intense, menant à une anxiété chronique et à un congé pour épuisement.

- **Dans le secteur public :**

    Claire, infirmière dans un hôpital, doit se plier à une **gestion administrative rigide**, avec des plannings modifiés à la dernière minute et des protocoles imposés sans consultation. Bien qu'elle soit expérimentée, elle se sent inutile et non respectée, ce qui génère un stress constant et une perte de sens pour son métier.

- **Chez les indépendants :**

    Antoine, développeur web freelance, est confronté à des clients exigeants qui changent fréquemment les priorités et imposent des délais irréalistes. Bien qu'il souhaite s'imposer, il craint de perdre des contrats, ce qui le pousse à accepter des conditions qu'il ne maîtrise pas. Ce manque de contrôle sur son activité entraîne une démotivation croissante.

- **Dans une PME :**

Hélène, directrice marketing, travaille dans une entreprise où toutes ses décisions sont systématiquement invalidées par le fondateur. Cette absence de confiance en ses compétences et l'impossibilité de prendre des décisions clés la frustrent. Elle envisage de démissionner pour trouver un environnement respectant son expertise.

- **Pour une personnalité publique :**

Karim, acteur renommé, se sent prisonnier d'un contrat avec une maison de production qui lui impose des rôles sans tenir compte de ses préférences. Cette **absence de liberté artistique** génère une frustration croissante, le poussant à envisager une rupture de contrat malgré les répercussions financières.

Recommandations pour prévenir ou gérer le burn out par manque de contrôle

Si vous vous reconnaissez dans cette forme ou dans un des exemples ci-dessus, voici **cinq recommandations principales**. Ces stratégies visent à **restaurer l'autonomie**, clarifier les responsabilités et instaurer un **environnement participatif** pour réduire la frustration et redonner un sentiment de maîtrise.

1. Restaurer l'autonomie dans le travail

- **Pourquoi** : L'autonomie permet de réduire la frustration et de réengager les individus dans leur travail en leur offrant une capacité d'action sur leurs tâches ou méthodes.

- **Évaluation du niveau de priorité de cette solution selon P-QUID®**
  Risk : 10/10

- **Outils et techniques** : Mettre en place la méthode OKR (Objectifs et Résultats Clés), organiser des réunions collaboratives, ou promouvoir des pratiques agiles pour intégrer les employés dans les décisions, former les responsables d'équipes et toute la direction au management Agile, former et accompagner les responsables à la délégation via un mode de leadership adapté à chaque situation et à chaque collaborateur.

2. Clarifier les rôles et responsabilités

- **Pourquoi** : Une définition claire des attentes et des priorités réduit l'incertitude, offrant un cadre structurant et apaisant.

- **Évaluation du niveau de priorité de cette solution selon P-QUID®**
  Risk : 9/10

- **Outils et techniques** : Créer des fiches de poste détaillées, utiliser des outils de gestion de projet (Asana, Trello), et organiser des entretiens réguliers pour ajuster les responsabilités.

3. Limiter le micromanagement

- **Pourquoi** : Laisser aux employés une plus grande liberté d'exécution tout en se concentrant sur les résultats réduit le stress et favorise la confiance mutuelle.

- **Évaluation du niveau de priorité de cette solution selon P-QUID®** Risk : 9/10

- **Outils et techniques** : Former les managers à la délégation efficace, instaurer des indicateurs de performance pour évaluer les résultats, et organiser des points de contrôle réguliers mais non intrusifs, proposer un cycle de formations management à l'ensemble de vos responsables.

4. Créer des espaces d'expression et de consultation

- **Pourquoi** : Offrir des canaux pour recueillir les idées et préoccupations des collaborateurs favorise leur engagement et leur sentiment de contrôle sur leur travail.

- **Évaluation du niveau de priorité de cette solution selon P-QUID®** Risk : 8/10

- **Outils et techniques** : Instaurer un baromètre du niveau de bien-être dans les équipes et les services, Organiser des forums d'équipe, utiliser des sondages anonymes pour recueillir des retours, ou mettre en place des boîtes à idées accessibles à tous.

5. Former à la gestion de l'incertitude

- **Pourquoi** : Acquérir des compétences pour mieux appréhender les situations imprévues réduit l'impact des changements ou des contraintes extérieures.

- **Évaluation du niveau de priorité de cette solution selon P-QUID®** Risk : 8/10

- **Outils et techniques** : Proposer des ateliers de gestion du stress, intégrer des pratiques de pleine conscience dans le quotidien, ou utiliser des outils d'analyse comme SWOT pour anticiper et gérer les incertitudes.

Ces recommandations permettent aux individus de **retrouver un sentiment de maîtrise** dans leur environnement professionnel, essentiel pour prévenir ou surmonter le burn out par manque de contrôle. Elles contribuent également à renforcer la collaboration et la satisfaction globale au travail.

Burn out par isolement

Le burn out par isolement se caractérise par un sentiment de solitude ou d'exclusion au sein de l'environnement professionnel. Les personnes concernées développent un désengagement progressif, rencontrent des difficultés à demander de l'aide ou du soutien, et ressentent une déconnexion croissante avec leur entourage professionnel. Cette forme est souvent accentuée par des pratiques de télétravail prolongé sans interactions humaines, une absence de culture collaborative et des problèmes de communication interne.

Des exemples concrets de burn out par isolement

- **Dans le secteur privé :**

    Julie, assistante administrative, travaille seule dans un bureau isolé de son équipe. Le télétravail de ses collègues limite ses interactions sociales. Peu à peu, Julie se sent exclue des décisions importantes, ce qui affecte sa motivation et son engagement. Elle finit par se désengager de ses tâches.

- **Dans le secteur public :**

    Laurent, enseignant dans un lycée rural, est confronté à un isolement géographique et social. Sans opportunité de collaboration ni retour de sa hiérarchie, il ressent une solitude pesante. Cette situation affecte son moral et sa capacité à transmettre sa passion à ses élèves.

- **Chez les indépendants :**

    Chloé, traductrice freelance, travaille depuis chez elle sans contact direct avec ses clients ou collègues. Ce manque d'interactions humaines crée un vide émotionnel. Chloé perd progressivement sa motivation et envisage de rejoindre un environnement de travail collectif pour retrouver un sentiment d'appartenance.

- **Dans une PME :**

Mathieu, technicien itinérant, passe ses journées sur la route, loin de son équipe. Isolé des discussions d'entreprise, il se sent déconnecté et non reconnu pour ses efforts. Cette solitude le pousse à envisager de changer d'emploi pour un poste plus intégré.

- **Pour une personnalité publique :**

Léa, influenceuse, travaille seule depuis des années. Malgré sa reconnaissance publique, elle ressent une déconnexion croissante avec son public. Les événements littéraires, qui étaient autrefois une source de motivation, deviennent des obligations pesantes. Léa décide de prendre une pause pour réévaluer ses priorités.

Recommandations pour prévenir ou gérer le burn out par isolement

Si vous vous reconnaissez dans cette forme ou dans un des exemples ci-dessus, voici **cinq recommandations principales** pour prévenir et surmonter ce type de burn out. Ces stratégies visent à renforcer les **liens sociaux**, à promouvoir une **culture collaborative**, et à réduire les impacts négatifs de l'isolement.

1. Favoriser les interactions sociales au travail

- **Pourquoi** : Encourager les échanges réguliers entre collègues aide à réduire le sentiment de solitude et à renforcer le sentiment d'appartenance.

- **Évaluation du niveau de priorité de cette solution selon P-QUID® Risk** : 10/10

- **Outils et techniques** : Organiser des réunions d'équipe régulières en présentiel ou en visioconférence, mettre en place des moments informels comme des déjeuners ou des cafés virtuels, et créer des espaces dédiés aux discussions sociales au bureau.

2. Développer une culture collaborative

- **Pourquoi** : Promouvoir le travail en équipe et les projets collaboratifs renforce la connexion entre les membres et diminue l'isolement individuel.

- **Évaluation du niveau de priorité de cette solution selon P-QUID® Risk** : 9/10

- **Outils et techniques** : Utiliser des outils collaboratifs comme Slack ou Teams, intégrer des projets interservices, et organiser des formations pour améliorer la collaboration, former vos responsables au management agile.

3. Encourager les moments de regroupement en présentiel

- **Pourquoi** : Dans des contextes de télétravail prolongé, les rassemblements en présentiel permettent de recréer du lien social et de raviver l'esprit d'équipe.

- **Évaluation du niveau de priorité de cette solution selon P-QUID® Risk** : 9/10

- **Outils et techniques** : Planifier des journées de cohésion d'équipe (team-building), organiser des ateliers créatifs ou des brainstormings en présentiel, et prévoir des espaces de coworking pour les télétravailleurs.

4. Mettre en place des systèmes de mentorat ou de parrainage

- **Pourquoi** : Un mentor ou un collègue de référence peut offrir un soutien personnalisé et créer un point de contact humain pour les personnes isolées.

- **Évaluation du niveau de priorité de cette solution selon P-QUID® Risk** : 9/10

- **Outils et techniques** : Former vos responsables au management aux techniques d'intégration et à la fidélisation des jeunes générations, créer un programme de parrainage pour intégrer les nouveaux employés, organiser des binômes de travail, et utiliser des plateformes de mentorat pour faciliter les connexions.

5. Faciliter l'accès à des groupes professionnels ou communautaires

- **Pourquoi** : Rejoindre des réseaux professionnels ou des groupes partageant les mêmes centres d'intérêt aide à retrouver un sentiment d'appartenance et à développer des relations significatives.

- **Évaluation du niveau de priorité de cette solution selon P-QUID® Risk** : 7/10

- **Outils et techniques** : Encourager l'inscription à des associations professionnelles, participer à des événements locaux ou en ligne, ou intégrer des forums ou communautés spécifiques à un métier.

Ces recommandations offrent des solutions concrètes pour **réduire l'impact de l'isolement** sur le bien-être professionnel. Elles permettent de recréer des liens sociaux essentiels, d'améliorer la collaboration et de restaurer un environnement de travail épanouissant.

Burn out par conflit de rôle

Le burn out par conflit de rôle survient lorsqu'une personne est confrontée à des attentes contradictoires dans son travail. Les individus concernés subissent un **stress constant**, éprouvent des **difficultés à prioriser leurs tâches** et développent un **sentiment de ne jamais en faire assez**. Les tâches mal définies, les attentes irréalistes ou mal communiquées, ainsi que les conflits de valeurs entre le rôle attendu et les convictions personnelles sont des causes fréquentes.

Des exemples concrets de burn out par conflit de rôle

- **Dans le secteur privé :**

    Anne, chef de projet dans une entreprise technologique, doit répondre à des demandes opposées de plusieurs départements. Tandis que l'équipe marketing exige des délais rapides, le département technique impose des spécifications complexes qui ralentissent le processus. Anne, tiraillée entre ces attentes incompatibles, travaille tard le soir pour tenter de satisfaire tout le monde, ce qui impacte sa santé et son moral. Finalement, elle se désengage progressivement, ressentant une frustration profonde.

- **Dans le secteur public :**

    Julien, agent dans une collectivité locale, fait face à des pressions contradictoires. Ses supérieurs lui demandent de respecter des normes strictes, mais les citoyens l'incitent à contourner ces règles pour des réponses rapides. Cette dualité, qui va à l'encontre de ses valeurs, le plonge dans un stress constant et une perte de sens.

- **Chez les indépendants :**

Sarah, coach sportive, tente de satisfaire des attentes opposées : certains clients veulent des résultats rapides, tandis que d'autres demandent des séances accessibles financièrement. Ces attentes incompatibles la poussent à se surmener et à douter de ses choix professionnels. Incapable de concilier ces demandes, elle décide de réduire son activité.

- **Dans une PME :**

Marc, directeur financier d'une entreprise familiale, subit des pressions divergentes entre le fondateur de l'entreprise, partisan d'une gestion traditionnelle, et le conseil d'administration, qui réclame une modernisation des pratiques. Pris dans ce rôle de médiateur, Marc développe une anxiété chronique et envisage de démissionner.

- **Pour une personnalité publique :**

Clara, députée, doit jongler entre les consignes rigides de son parti politique et les attentes des électeurs de sa circonscription, souvent en décalage avec ces consignes. Ce conflit constant génère une fatigue mentale importante et une perte de motivation, au point qu'elle envisage de ne pas se représenter aux prochaines élections.

Recommandations pour prévenir ou gérer le burn out par conflit de rôle

Si vous vous reconnaissez dans cette forme ou dans un des exemples ci-dessus, voici **cinq recommandations principales** pour prévenir et surmonter ce type de burn out. Ces stratégies visent à clarifier les attentes, réduire les contradictions et aider les collaborateurs à mieux gérer les conflits de rôle.

1. Clarifier les attentes professionnelles

- **Pourquoi** : Une définition claire des responsabilités et priorités réduit les ambiguïtés et limite le stress lié à des attentes contradictoires. Réfléchir à une bonne distribution ou à une redistribution de certaines responsabilités en fonction des caractéristiques et des talents présents dans les équipes.

- **Évaluation du niveau de priorité de cette solution selon P-QUID® Risk** : 10/10

- **Outils et techniques** : Identifier les axes forts et les points de vigilance de chacun avec des outils tels que P-QUID® et DISC ou MBTI, organiser des réunions d'alignement sur les objectifs, rédiger des fiches de poste détaillées, et intégrer des check-ins réguliers avec les managers pour ajuster les priorités.

2. Instaurer des points de coordination inter-départements

- **Pourquoi** : Aligner les objectifs et résoudre les incompatibilités entre départements réduit les tensions liées aux demandes contradictoires.

- **Évaluation du niveau de priorité de cette solution selon P-QUID® Risk** : 9/10

- **Outils et techniques** : Utiliser des outils de collaboration comme Trello ou Notion, créer des tableaux de priorisation commune, et organiser des ateliers de coordination.

3. Former les collaborateurs à la gestion des priorités

- **Pourquoi** : Aider les collaborateurs à prioriser leurs tâches et gérer les demandes multiples réduit leur stress et améliore leur efficacité.

- **Évaluation du niveau de priorité de cette solution selon P-QUID® Risk** : 8/10

- **Outils et techniques** : Enseigner la matrice d'Eisenhower pour classer les tâches, utiliser des outils de planification comme Asana, et proposer des ateliers de gestion du temps.

4. Créer des canaux d'écoute pour signaler les tensions

- **Pourquoi** : Permettre aux collaborateurs d'exprimer leurs difficultés liées aux conflits de rôle aide à détecter rapidement les tensions et à y remédier.

- **Évaluation du niveau de priorité de cette solution selon P-QUID® Risk** : 9/10

- **Outils et techniques** : Mettre en place des boîtes à idées anonymes, organiser des entretiens réguliers avec les RH, et utiliser des outils comme Officevibe pour recueillir les retours d'équipe, former les managers aux techniques d'entretien d'intégration et de fonctionnement.

5. Former les managers à la gestion des conflits ou la prévention des conflits

- **Pourquoi** : Les managers jouent un rôle clé dans la prévention et la résolution des conflits de rôle au sein de leurs équipes. Il est essentiel qu'ils comprennent mieux les enjeux lorsque des opposés sont amenés à fonctionner ensemble sur un même projet ou à collaborer dans la réalisation d'une tâche commune.

- **Évaluation du niveau de priorité de cette solution selon P-QUID®**
  Risk : 8/10

- **Outils et techniques** : Intégrer des scénarios pratiques dans les formations, proposer des ateliers de leadership et de médiation, et utiliser des outils comme P-QUID®, DISC ou MBTI pour mieux comprendre les dynamiques d'équipe et comment mieux fonctionner au quotidien avec son opposé.

Ces recommandations visent à réduire les impacts négatifs du **burn out par conflit de rôle**, en clarifiant les responsabilités, en favorisant la coordination, et en améliorant la communication. Elles permettent aux collaborateurs de se concentrer sur leurs missions tout en évitant les pressions liées à des attentes incompatibles.

Burn out en phase de changement

Le burn out en phase de changement se manifeste par une anxiété accrue face aux transitions, une résistance au changement, et un désengagement lié à la perte de repères. Les individus concernés éprouvent souvent une confusion générale et une démotivation face à l'incertitude. Cette forme est exacerbée par des restructurations fréquentes, l'introduction brutale de nouvelles technologies ou méthodes de travail, et une communication insuffisante ou inadaptée.

Une perspective sur les enjeux du futur :

D'après Nicolas Pourbaix, «*le burn out en phase de changement est celui qui devrait exploser dans les prochaines années : nous sommes dans un monde VICA (Volatile, Incertain, Complexe et Ambigu), avec une technologie omniprésente qui oblige au changement constant. Nous assistons à une transition des métiers, une transformation des modèles de société, et des impacts sociétaux multiples – crises écologique, inégalités sociales, géopolitiques, et existentielles – dans une vitesse de changement qui s'accélère.*»
Ce contexte n'affecte pas seulement les organisations, mais également les individus à tous les niveaux. Cette accumulation de transitions, combinée à une pression accrue pour s'adapter rapidement, renforce un sentiment collectif de désorientation et de perte de contrôle. Nicolas Pourbaix insiste : «*La quête de sens et l'équilibre entre vie personnelle et professionnelle deviennent des priorités, mais les modèles organisationnels peinent encore à répondre aux attentes. Si les leaders et décideurs ne prennent pas la mesure de ces bouleversements, les conséquences sur la santé mentale et l'engagement pourraient devenir ingérables.*»

Des exemples concrets de burn out en phase de changement

- **Dans le secteur privé :**

    Sophie, directrice régionale dans une entreprise de grande distribution, doit gérer l'automatisation de plusieurs magasins. Entre les licenciements, les formations accélérées, et l'introduction d'outils numériques, elle se sent submergée. La résistance des employés et les pressions de la direction génèrent chez elle un doute croissant, affectant ses capacités de prise de décision.

- **Dans le secteur public :**

    Julien, professeur de lycée, fait face à une réforme scolaire qui transforme les méthodes d'enseignement. Contraint de se former et de revoir ses cours en urgence, il est rapidement dépassé par la charge de travail. Julien développe un sentiment d'échec et envisage une reconversion.

- **Chez les indépendants :**

    Nathalie, photographe freelance, peine à suivre l'évolution rapide des attentes clients, qui privilégient des outils numériques et l'IA. Ne maîtrisant pas ces technologies, elle craint pour son avenir professionnel et réduit son activité.

- **Dans une PME :**

    Marc, chef d'atelier, est chargé d'intégrer un système ERP imposé par la direction sans formation adaptée. Face à la complexité des outils et aux attentes croissantes, Marc développe une anxiété chronique qui affecte son travail et ses relations.

- **Pour une personnalité publique :**

  Claire, actrice renommée, se heurte aux bouleversements de l'industrie cinématographique dominée par les plateformes de streaming. Habituée aux tournages traditionnels, elle perd pied face à ces nouvelles attentes et décide de faire une pause pour se recentrer.

Recommandations pour prévenir ou gérer le burn out en phase de changement

Si vous vous reconnaissez dans cette forme ou dans un des exemples ci-dessus, voici cinq recommandations principales. Ces stratégies permettent d'accompagner les transitions, de clarifier les objectifs, et de renforcer la résilience face aux bouleversements.

1. Accompagner le changement avec des formations adaptées

- **Pourquoi** : Proposer des formations spécifiques aide à comprendre et à maîtriser les nouveaux outils ou méthodologies, réduisant ainsi l'anxiété.

- **Évaluation du niveau de priorité de cette solution selon P-QUID® Risk** : 10/10

- **Outils et techniques :** Organiser des ateliers pratiques, mettre en place des modules e-learning, et offrir un mentorat personnalisé.

2. Communiquer de manière transparente sur les changements

- **Pourquoi** : Une communication claire sur les raisons et les étapes des transformations réduit l'incertitude et renforce l'engagement.

- **Évaluation du niveau de priorité de cette solution selon P-QUID®** Risk : 10/10

- **Outils et techniques** : Former les managers et la direction à comment mieux interagir avec les jeunes générations (générations Z), utiliser des newsletters, organiser des réunions d'information, et prévoir des FAQ sur les canaux numériques internes.

3. Mettre en place des points de suivi réguliers

- **Pourquoi** : Ces points permettent d'évaluer les avancées et d'écouter les retours, ajustant ainsi le processus en fonction des besoins réels.

- **Évaluation du niveau de priorité de cette solution selon P-QUID®** Risk : 9/10

- **Outils et techniques** : Planifier des bilans hebdomadaires, utiliser des tableaux de bord partagés, et analyser les retours via des enquêtes anonymes.

4. 4. *Définir des étapes intermédiaires pour une transition progressive*

- **Pourquoi** : Des objectifs progressifs et réalisables rendent le changement plus gérable et moins stressant pour les équipes.

- **Évaluation du niveau de priorité de cette solution selon P-QUID®** Risk : 9/10

- **Outils et techniques** : Appliquer la méthode Agile, utiliser des plannings visuels, et célébrer les petites victoires pour maintenir la motivation.

5. 5.   Offrir un soutien émotionnel pendant les phases de changement

- **Pourquoi** : Des dispositifs d'écoute et de soutien psychologique aident les collaborateurs à gérer l'impact émotionnel des transformations.

- **Évaluation du niveau de priorité de cette solution selon P-QUID® Risk** : 8/10

- **Outils et techniques** : Former les managers et la direction à comment intégrer et surtout fidéliser les jeunes générations (générations Z), proposer des coachings individuels, organiser des groupes de discussion, et intégrer des ateliers sur la gestion du stress.

Ces recommandations offrent des solutions concrètes pour transformer des périodes de transition en opportunités de croissance, tout en minimisant l'impact émotionnel et organisationnel des changements.

Redonner du sens à sa vie entrepreneuriale malgré un burn out

Après avoir exploré en profondeur le burn out sous toutes ses formes, ses manifestations, ses causes et les pistes pour s'en prémunir, revenons à l'histoire de Nicolas Pourbaix et de notre entreprise E-net Business, étroitement liée à tout le cheminement parcouru.

Une success story guidée par l'innovation et le bien-être

En 2015, E-net Business franchit une étape majeure en dépassant la barre des **1 000 clients**, tout en maintenant un taux de satisfaction exceptionnel de **98,41 %**. Ce succès repose sur une combinaison unique d'innovation, de créativité, et d'une attention particulière portée à l'épanouissement des collaborateurs. C'est également à cette époque que Nicolas Pourbaix découvre **P-quid®**, un outil transformateur qui lui permet de mieux comprendre ses propres aspirations et celles de ses équipes.

Fort de cette prise de conscience, il décide d'instaurer des initiatives centrées sur le bien-être et l'engagement des collaborateurs. Parmi ces actions, on retrouve :

- **P-quid® et formations en développement personnel** : Ces outils ont permis aux collaborateurs de mieux se connaître et de renforcer leur communication interne.

- **Une boîte à idées** : Ce dispositif a permis de recueillir les propositions des collaborateurs, menant à des dizaines d'innovations. Parmi les plus marquantes figure la création, en 2015, de l'e-laboratoire **Aqua Clean Concept***, une e-boutique spécialisée dans les articles dédiés au nettoyage et à un mode de vie sain. La mission d'Aqua Clean

Concept est claire : proposer des concepts respectueux de la santé des consommateurs et de la planète. Les produits sélectionnés et vendus dans cette boutique incarnent cet engagement en alliant qualité et durabilité.

L'e-boutique Aqua Clean Concept :

Cependant, l'ambition d'Aqua Clean Concept dépasse la simple commercialisation de produits. Cet e-laboratoire a pour objectif principal de tester sur le terrain les dernières avancées technologiques et neuroscientifiques appliquées aux sites e-commerce. Les innovations sont rigoureusement expérimentées sur Aqua Clean Concept : optimisations d'interface, stratégies de référencement, ou encore dispositifs d'analyse comportementale des utilisateurs. Une fois les solutions validées et performantes, elles sont répliquées à grande échelle sur l'ensemble des sites e-commerce développés par E-net Business.

- **Un baromètre trimestriel de l'épanouissement** : Cet outil de mesure a permis de suivre régulièrement le bien-être des collaborateurs et d'ajuster les actions en fonction des résultats.

* Site Internet Aqua Clean Concept : www.aquacleanconcept.com

Des événements marquants pour fédérer et inspirer

L'année 2016 marque un tournant dans l'histoire d'E-net Business avec la célébration des 20 ans d'aventure entrepreneuriale, l'entreprise a organisé un événement exceptionnel intitulé « *La Révolution digitale, votre défi ! Avec E-net Business, une belle aventure* ». Cet événement a rassemblé près de 1 000 participants du monde économique, académique, institutionnel et politique*. Parmi eux, des personnalités influentes, comme plusieurs ministres et élus politiques à l'instar d'Eliane Tillieux, Ministre wallonne de l'Emploi et de la Formation (2014 – 2017) et de Maxime Prévot, Vice-Président du Gouvernement wallon de la même époque.

La révolution digitale, votre défi ? En 2001, Nico-du-web évoquait déjà cette révolution… en indiquant que les organisations devaient arrêter de créer des sites 'VITRINE'. Les organisations devaient plutôt créer des sites 'RENTABLES'. Pour rappel, ce sont des sites qui génèrent de la valeur ajoutée (Attirer des nouveaux clients, faciliter la vie des citoyens par des services en ligne, fidéliser une clientèle,...). Voyant que, malgré les sommes colossales investies par le pouvoir politique wallon, la Wallonie restait toujours à la traîne dans la transformation digitale, Nicolas a voulu marquer le coup en interpellant le public face à l'urgence de cette révolution digitale avec 2 symboles forts du **dépassement de soi**.

Vidéo « AfterMovie » de l'événement de 2016

---

* Découvrir la vidéo rétrospective de cet événement « La révolution Digitale, votre défi ! » :
https://www.nico-du-web.com/livre-burn-out-7

Symbole n°1 - La conférence inspirante de **Philippe Croizon**. Cet homme a surmonté des obstacles incroyables après la perte de ses quatre membres. À travers son témoignage, il a démontré que chaque révolution, personnelle ou professionnelle, peut devenir un moteur de transformation positive.

J'aimerais m'arrêter sur la personnalité de Philippe Croizon. Né en 1968, il a reçu une décharge électrique de 20 000 volts alors qu'il démontait une antenne de télévision. Cet accident a eu lieu en 1994 et a entraîné l'amputation de ses bras et de ses jambes. Après une longue rééducation, Philippe apprend à se déplacer et à utiliser des prothèses.

Avec des prothèses adaptées et un entraînement intensif, il devient le premier nageur amputé des quatre membres à traverser la Manche. Lors de cet exploit, nous sommes en 2010. Il effectue cette traversée en 13 heures et 26 minutes, entre Folkestone (Royaume-Uni) et Wissant (France)*.

En 2012, Philippe Croizon réalise un nouvel exploit : «Nager au-delà des frontières». Il relie les cinq continents à la nage en traversant des détroits symboliques

Découvrez Philippe Croizon en vidéo

- **Océanie – Asie :** Papouasie-Nouvelle-Guinée - Indonésie

- **Asie – Afrique :** Yémen - Djibouti

- **Afrique – Europe :** Maroc - Espagne

- **Amérique – Asie :** États-Unis - Russie (détroit de Béring)

---

* Le dépassement de soi par Philippe Croizon en vidéo :
https://www.nico-du-web.com/livre-burn-out-8

Il accomplit cet exploit pour promouvoir l'inclusion et inspirer les personnes en situation de handicap. Nicolas et Philippe se sont rencontrés à Lille en 2015. Dès le début, Nicolas a été fasciné par son parcours. « *Il prouve que le handicap n'est pas une limite insurmontable et que la volonté permet d'accomplir l'impossible. Philippe véhicule un message qui démontre que chacun peut dépasser ses propres limites avec courage et détermination.* » me raconte Nicolas.

Symbole n°2 - Nicolas Pourbaix a présenté une montgolfière conçue en partie par les équipes d'E-net Business en collaboration avec plusieurs enfants de l'entreprise*.

Cet aéronef a été intégralement fabriqué en Belgique dans le dernier atelier de fabrication de montgolfières. Il est situé à Court-Saint-Étienne et a été fondé par Patrick Libert. Sous la direction du pilote Sidney Sevrin, le ballon E-net Business a demandé plus de 1 000 heures de travail pour réaliser la coupe et l'assemblage de cette montgolfière,

Découvrez les coulisses de la conception de cette montgolfière

nécessitant aussi environ un millier de mètres de tissu. La montgolfière E-net Business se compose de 3 400 m³, mesure 25 mètres de hauteur et peut emmener 6 personnes dans les airs.

Revenons quelques instants afin de comprendre la symbolique de la montgolfière - L'homme a toujours rêvé de voler. En 1782, les frères Montgolfier ont réalisé cet exploit en inventant la montgolfière, marquant une avancée révolutionnaire dans l'histoire de l'aviation. Avant cette invention, de nombreuses tentatives avaient été faites, mais aucun vol libre et contrôlé n'avait été réussi.

---

* Les coulisses de la conception de cette montgolfière :
https://www.nico-du-web.com/livre-burn-out-10

La montgolfière repose sur le principe de la poussée d'Archimède : l'air chaud étant plus léger que l'air froid, le chauffage de l'air contenu dans l'enveloppe permet à celle-ci de s'élever dans le ciel. En 1782, ce premier vol en montgolfière a marqué un tournant, offrant à l'homme la possibilité de s'élever librement dans les airs pour la première fois.

« Un bel exemple du dépassement de soi. Aujourd'hui, vivre un vol en montgolfière est une expérience unique, une aventure fascinante, et c'est pourquoi ce symbole a été choisi par E-net Business. » m'a rappelé Nicolas.

Sa vie privée, un équilibre retrouvé

En parallèle de son aventure entrepreneuriale, Nicolas cultive toujours sa passion pour la musique et initie ses enfants à cet art. En 2010, alors que Chloé, âgée de 9 ans, choisit d'apprendre le piano, ils décident de suivre des cours ensemble. Ces moments complices et précieux leur permettent de partager une passion commune et renforcent leurs liens. Nicolas réalise par la même occasion un rêve qui lui tenait à cœur depuis longtemps : jouer la chanson Lucie de Pascal Obispo au piano.

En 2020, c'est au tour d'Hugo, alors âgé de 6 ans, de suivre les traces musicales de son père. Il choisit la guitare, ce qui marque le début d'une nouvelle aventure familiale. À cette époque, Nicolas fait la rencontre d'Alexandre, un jeune homme passionné et talentueux, qui devient leur professeur. La passion communicative d'Alexandre inspire Nicolas à perfectionner son jeu de guitare aux côtés de son fils. Ces instants de transmission, de découverte et de complicité musicale deviennent des souvenirs inestimables pour Nicolas et sa famille, ancrant encore davantage la musique dans leur quotidien.

L'excellence reconnue et la quête de durabilité

En 2017, E-net Business est couronnée par le **Prix Wallon de la Qualité**, récompensant son leadership, sa stratégie et son engagement envers l'excellence. Cette reconnaissance s'accompagne d'une structuration rigoureuse des activités, comme la veille hebdomadaire sur les algorithmes de Google (BERT, PANDA, FRED…), afin de maintenir son positionnement de leader dans le digital marketing.

La créativité reste au cœur de l'ADN de l'entreprise, et l'humour y a également sa place. En 2017, E-net Business, en collaboration avec le chef et entrepreneur Ludovic Vanackere du restaurant l'Atelier de Bossimé, annonce avec enthousiasme la création du tout premier **site Internet olfactif***, une prétendue révolution dans le domaine du web. Cette annonce, qui s'avérera être un **poisson d'avril**, n'en reste pas moins une illustration de l'esprit ludique et inventif de l'entreprise, capable de captiver l'attention tout en stimulant l'imagination.

E-net Business est également la première agence de marketing digital en Europe à obtenir la certification **EMAS – ISO 14001**, témoignant de son engagement pour l'environnement. Cette démarche s'inscrit dans une volonté de construire un futur durable, aligné avec les valeurs d'excellence et de responsabilité sociale.

Une aventure en constante évolution

Fin 2018, E-net Business dépasse la barre des **2 000 clients**, tout en augmentant son taux de satisfaction à **98,80 %**.

Pour Nicolas Pourbaix, la clé de la résilience entrepreneuriale réside dans la capacité à maintenir un équilibre entre performance, bien-être et innovation. Cette approche, incarnée dans les pratiques d'E-net Business, offre une feuille de route inspirante pour toute organisation souhaitant non seulement surmonter les défis du burn out, mais également redonner un sens profond à son activité.

Reportage vidéo sur le site web olfactif :

---

* Le poisson d'avril 2017 avec le site Internet olfactif :
https://www.nico-du-web.com/livre-burn-out-5

BURN OUT

2022 : Une 3ème rechute du burn out évitée de justesse

J'écrivais plus haut que Nicolas Pourbaix présentait un risque élevé de burn out. Les événements de 2022 donneront raison aux outils d'analyse. Cette année-là, il a failli vivre une 3ème rechute dans le burn out, une épreuve marquée par des pressions colossales liées à une trahison professionnelle et des choix difficiles. Pourtant, grâce à une force de résilience remarquable et à un soutien humain précieux, il a su transformer, une fois encore, cette période de turbulence en une opportunité de redéfinir ses priorités entrepreneuriales.

Une trajectoire jalonnée de succès et de défis

E-net Business, sous l'impulsion de Nicolas, a connu une croissance spectaculaire grâce à des initiatives comme **l'e-laboratoire Aqua Clean Concept**, qui a enregistré une progression exponentielle annuelle, avec des ventes atteignant +62,67 % au début de 2019 par rapport à la même période en 2018. L'e-commerce exige patience et stratégie, mais il peut ensuite offrir une croissance exponentielle, comme nous l'avons vu avec Aqua Clean Concept. Cette réussite a encouragé E-net Business à s'attaquer au **phygital**, combinant innovation numérique et points de vente physiques.

Le phygital, contraction de «physique» et «digital», illustre une stratégie mixte qui combine donc les points de vente traditionnels avec les données et méthodes du digital, dans le but d'améliorer significativement l'expérience client.

E-logistique : des ambitions écologiques et numériques

Pour soutenir cette stratégie, E-net Business investit plus de 4 millions d'euros dans des entrepôts e-logistiques de 3 000 m² situés à Floreffe.

Ces installations, conformes aux normes environnementales, intègrent l'intelligence artificielle pour optimiser à la fois la logistique et l'expérience client. L'objectif ? Atteindre 100 000 commandes annuelles, créer 20 emplois directs et explorer des solutions de transport écologiques pour réduire l'empreinte carbone.

Dans une déclaration à la presse, Nicolas Pourbaix expliquait : « *J'aime Namur. Il était naturel de continuer à investir dans la région. Cette nouvelle histoire d'amour a commencé en mai 2019 sur la nationale 90 reliant le centre de Namur et Floreffe. Mon équipe et moi-même voulons contribuer proactivement pour permettre aux indépendants, associations et commerçants wallons de relever le défi des nouvelles habitudes de consommation : l'e-commerce.* »

Les installations de Floreffe abritent également des bureaux modernes et un studio à la pointe de la technologie, dédié à la production de contenus multimédias nouvelle génération : modélisation 3D, podcasts audio-vidéo, webinaires, pack shots, cabine vidéo pour YouTube et Facebook, green key, régie, et bien plus encore. En complément, des formations en webmarketing et du coaching personnalisé sont proposés pour accompagner les entreprises dans leur transformation digitale.

Magasins physiques : un partenariat phygital audacieux

En parallèle, E-net Business investit dans la chaîne de magasins de puériculture BabyKid en partenariat avec un associé. Ce projet vise à créer un environnement phygital intelligent, combinant magasins physiques et innovations numériques. Cependant, la crise du COVID-19 en 2020 bouleverse les plans. L'associé n'assume plus ses fonctions, laissant Nicolas seul à la barre pour sauver BabyKid. Je me souviens qu'il avait organisé toute la stratégie de communication et marketing, tout en coordonnant la gestion de crise, et ce, quasiment jour et nuit. En effet, lorsque les magasins de puériculture ont été fermés en raison des mesures COVID-19, ce fut une catastrophe pour les futurs parents, en particulier ceux dont le bébé venait de naître. Avec l'accord du Gouvernement fédéral et grâce à une forte implication des équipes sur le terrain, Nicolas a mis en place un dispositif permettant de fournir les articles de puériculture en toute sécurité.

Malgré les circonstances difficiles, l'implication exceptionnelle des équipes de BabyKid et d'E-net Business permet de relever ce défi colossal. En 2021, les résultats commerciaux sont tout simplement extraordinaires, avec une augmentation de +14 % du chiffre d'affaires par rapport à l'année précédente, et une progression spectaculaire de +39 % des listes de naissance, malgré un contexte marqué par la pandémie et une natalité en baisse depuis plus d'une décennie en Belgique ! En outre, durant cette période, un jour de fermeture hebdomadaire avait été ajouté pour le bien-être des collaborateurs BabyKid, et deux magasins fermés. Ces résultats témoignent d'un véritable exploit !

Ces performances témoignent de la détermination et de la résilience des équipes, qui ont su conjuguer efforts, innovation, et service client pour maintenir la chaîne à flot dans un environnement hautement incertain. Toutefois, la pression reste immense pour Nicolas, qui doit jongler entre les défis opérationnels et les incertitudes liées à cette situation instable.

Une année 2022 marquée par des épreuves et des choix difficiles

Fin 2021 et en 2022, les défis s'intensifient pour Nicolas. Suite à la crise sanitaire, l'environnement a complètement changé. Les coûts d'envoi de colis ont littéralement explosé et la maturité du marché « e-logistique » a fait un tel bond durant la crise que les entrepôts deviennent obsolètes. Le projet logistique s'annonce donc extrêmement complexe.

En octobre 2022, la décision est prise de stopper le projet « e-logistique », mais de maintenir l'e-boutique Aqua Clean Concept. L'heure était venue de poser ce choix difficile.

Entretemps, les épreuves ne se sont pas arrêtées là. Des actes déloyaux sont découverts dans le chef de son associé au sein de BabyKid. Des actions délibérées ont été commises par ce dernier. C'est donc la révélation d'actes déloyaux et de manipulations intentionnelles.

Nicolas découvre donc qu'il était victime d'une véritable trahison humaine, qui compromet l'avenir de l'entreprise BabyKid malgré toute l'énergie qu'il y a consacrée avec les équipes d'E-net Business et de la chaîne de magasins. Il décide alors de se retirer de l'actionnariat. « *En plus du projet « e-logistique » que j'avais stoppé à cause de facteurs externes, je me suis retiré de BabyKid suite aux actes d'une personne mal intentionnée. Je dois avouer qu'à l'époque, je voulais arrêter toute activité entrepreneuriale !* », lance-t-il.

En discutant avec lui à ce moment, je réalise que Nicolas est dégoûté, comme cela peut arriver à tout moment dans la vie d'un chef d'entreprise. **Son dégoût ne provient pas de l'échec entrepreneurial.** En effet, comme entrepreneur autodidacte, il sait que toute réussite passe par un échec. J'aimerais vous partager quelques expériences que nous avons évoquées lors de l'écriture de ce livre :

- **L'échec comme premier maître** : Un entrepreneur autodidacte apprend en forgeant son propre chemin. Il n'a pas le confort des théories toutes faites ni des modèles préétablis. Chaque erreur devient une leçon précieuse, un ajustement nécessaire pour affiner son approche et grandir.

- **L'échec comme révélateur d'opportunités** : Ce qui semble être un obstacle aujourd'hui peut devenir le tournant stratégique de demain. Chaque revers est une opportunité cachée, une invitation à repenser son modèle, à innover et à se surpasser. L'échec n'est pas un mur, c'est un tremplin.
Un exemple concret me vient à l'esprit : En pleine croissance, l'entrepreneur a décidé d'embaucher son premier directeur des ventes. Son objectif

était de déléguer la prospection et le développement commercial pour se concentrer sur la stratégie et l'expansion de l'agence. Il espérait ainsi accélérer l'acquisition de clients et structurer son département commercial. Malheureusement, les choses ne se sont pas passées comme prévu : ce directeur ne partageait pas la vision de l'entreprise et privilégiait une approche ultra-agressive, en décalage avec la culture de l'agence. Il en a résulté que les relations avec les clients se sont tendues, certains se sentant trop poussés à l'achat et remettant en cause la qualité de l'accompagnement. Pour finir, l'équipe commerciale s'est démobilisée, ne comprenant plus les priorités et doutant des méthodes imposées.

En conclusion, il a compris que recruter un profil commercial sans alignement culturel pouvait être désastreux. Nicolas a revu son processus de recrutement et clarifié la stratégie commerciale. Cela en mettant en place des rituels hebdomadaires, une formation continue, et des outils de suivi plus précis.

Grâce à cette expérience, il a structuré une équipe de vente alignée avec sa vision. Aujourd'hui, son agence dispose d'un département commercial performant, qui attire des clients qualifiés sans compromettre la relation client ni l'image de marque.

- **L'échec comme test de résilience** : Les plus grands entrepreneurs ne sont pas ceux qui évitent les échecs, mais ceux qui savent **rebondir plus vite et plus fort**. L'autodidacte comprend que la persévérance est sa meilleure alliée. Il n'abandonne pas face à l'adversité, il **s'adapte, il pivote, il transforme l'erreur en force.**

Un exemple concret me vient à l'esprit : Après avoir embauché ses tout premiers collaborateurs, Nicolas a eu du mal à gérer son équipe. Il s'est retrouvé dépassé par les défis du management (Ex. manque de communication interne, délais non respectés, désorganisation…).

Plutôt que de se laisser submerger, il a appris à structurer son entreprise en mettant en place des processus clairs : Méthode de gestion de projet efficace, développement d'une culture d'entreprise forte basée sur la collaboration et la formation continue ou encore mise en place d'un système de feedbacks pour améliorer la communication interne. Aujourd'hui, avec tous ses collaborateurs, il a su transformer son plus grand défi en une organisation performante et agile.

- **L'échec comme preuve de courage** : Oser entreprendre sans filet de sécurité, c'est prendre des risques. C'est accepter de tomber, d'essuyer des refus, de vivre des moments de doute. Mais c'est aussi la seule manière d'écrire sa propre histoire, de bâtir un succès unique, forgé par la ténacité et l'expérience.

Un exemple concret me vient à l'esprit : En 2010, lorsqu'il a voulu élargir son offre avec de nouveaux services (Réseaux sociaux, formations, etc.), il a dû faire face à un énorme défi financier. Il devait investir dans de nouveaux talents, des formations, et des outils sans garantie immédiate de rentabilité. Les premiers mois ont été difficiles : certains clients trouvaient que son agence «faisait trop de choses» et doutaient de son expertise. Il a dû essuyer des critiques et voir certains contrats ne pas se renouveler.

Plutôt que de reculer, il a eu le courage d'assumer sa vision. Il a choisi de montrer par des résultats concrets que son agence pouvait réellement générer de la croissance pour ses clients grâce à une approche digitale globalisée et des services en formation. Jusqu'en 2024, cette diversification lui a permis de proposer des solutions complètes et performantes qui fidélisent ses clients sur le long terme.

Ce que je retiens comme conclusion, c'est que l'entrepreneur, autodidacte ou non, sait que l'échec n'est pas une fin, mais une étape vers la réussite. Il ne le subit pas : il l'exploite, il l'analyse, il en fait son meilleur allié.

Son dégoût provenait d'une personne mal intentionnée et d'une trahison humaine dans le cadre du projet BabyKid. Comme vous avez pu le lire, Nicolas reste une personne très fidèle à ses valeurs humaines. Confronté à une tromperie, il a sans doute été d'autant plus affecté encore que quiconque n'aurait pu l'être. A l'époque, Olivier Vanhove, proche conseiller depuis 2011 (et évoqué par ailleurs dans cet ouvrage) lui rappellera l'essentiel : « Reste fidèle à tes valeurs et vois l'échec comme une opportunité d'apprentissage. C'est de cette façon que l'on pose les bases de la réussite. »

Pour avoir évoqué ce sujet avec différents acteurs du monde économique, je mesure que les conséquences de ce genre de déception peuvent aller très loin, parfois jusqu'au suicide.

Pression extrême, dégoût,… : tous les ingrédients sont là pour provoquer un nouveau burn out. Le troisième. Nicolas le frôlera de très près à ce moment. « *L'injustice que je vis est tout simplement insupportable* », me confiait-il lorsque nous passions du temps ensemble lors de cette période compliquée. Les personnes mal intentionnées et les trahisons humaines peuvent provoquer des graves déséquilibres psychologiques amenant jusqu'au 'BURN OUT' ou même au suicide.

Un épisode familial difficile

Sur le plan personnel, cette période s'avère tout aussi éprouvante. Audrey et Nicolas accueillent leur troisième enfant, Lucie. Mais, comme l'exprime son épouse : « *Avec ce qui s'est passé chez BabyKid, Nicolas avait totalement perdu cet équilibre entre vie privée et vie professionnelle. J'ai le sentiment qu'il n'a même pas pu profiter de la naissance de notre petite dernière. Cette période a été extrêmement difficile pour mes enfants et moi-même.* »

Un soutien humain pour surmonter l'épreuve

Face à ces épreuves, Nicolas reçoit un soutien inestimable de sa famille, de ses collaborateurs, et de ses amis proches, mais également d'entrepreneurs de renom qui jouent un rôle déterminant dans sa décision de ne pas abandonner l'entrepreneuriat. Parmi eux, Paul de Sauvage, figure emblématique du monde économique à Namur, partage avec lui sa vision de l'innovation durable et régionale, renforçant la conviction de Nicolas quant à l'importance d'investir dans des projets ancrés localement. Emmanuel Sanzot, expert-fiscaliste de renommée, s'investit également dans le dossier, apportant à Nicolas un accompagnement stratégique précieux et des conseils avisés pour surmonter les complexités financières liées à cette période difficile. Jean-Noël Tilman, entrepreneur visionnaire dans le domaine de la phytothérapie, lui rappelle l'importance de la résilience et de la gestion avisée d'une entreprise familiale en croissance, des qualités essentielles pour surmonter les défis. Enfin, Xavier Goebels, leader reconnu dans le commerce et l'entrepreneuriat, témoigne de sa capacité à transformer les obstacles en opportunités, inspirant Nicolas à voir les crises comme des tremplins pour se réinventer. Ces échanges, riches en enseignements, nourrissent son espoir et sa détermination à poursuivre son parcours entrepreneurial malgré les difficultés.

Une reconstruction nécessaire et une vision pour l'avenir

Nicolas consacre l'année 2023 à deux priorités majeures.

D'abord, se reconstruire sur le plan psychologique : regagner confiance en lui, s'entourer de personnes positives et inspirantes, et réapprendre à se recentrer sur l'essentiel. Ce travail introspectif lui permet de retrouver un équilibre personnel indispensable pour envisager l'avenir avec sérénité.

Ensuite, réinventer une stratégie agile pour E-net Business : face à un monde VICA (Volatile, Incertain, Complexe, Ambigu), Nicolas s'engage à adapter l'entreprise aux transitions technologiques, aux métiers en pleine mutation, et aux modèles économiques à réinventer.

Avec détermination, Nicolas m'affirme : « *Si je continue, si j'entreprends demain, c'est pour construire un monde meilleur, avec un projet ambitieux, aux côtés d'une équipe partageant les mêmes valeurs fondamentales ! ».* Ces mots, empreints de conviction, reflètent son désir de lier innovation, humanité, et impact positif pour un futur collectif.

Une leçon de résilience

Grâce à sa persévérance et au soutien de son entourage, Nicolas Pourbaix évite de sombrer dans un nouveau burn out. Cette expérience lui rappelle une leçon essentielle : même dans les moments les plus sombres, il est possible de retrouver du sens et de transformer les épreuves en tremplin vers un avenir meilleur.

Guitare à la main, Nicolas se réinvestit dans l'artistique durant cette période de repos prolongé. Il passe également un temps considérable à s'intéresser aux dernières avancées technologiques du moment.

Or, depuis novembre 2022, la version 3.5 de ChatGPT, l'intelligence artificielle conversationnelle d'OpenAI, est accessible au grand public. A l'époque, j'aurais pu comparer Nicolas à un enfant ayant reçu un nouveau jeu vidéo. Il l'utilise jour et nuit, à l'image d'un « gamer » qui souhaite passer des « niveaux ». Son but ? Comprendre toutes les subtilités technologiques et les possibilités immenses de ce nouvel outil, alors qu'E-net Business utilise déjà l'intelligence artificielle depuis des années.

L'adage « Rien n'arrive par hasard » était sans doute de bon augure. Car l'avenir donnera raison à l'intuition ressentie par Nicolas à ce moment : le changement ne va pas s'accélérer dans les années et décennies à venir, non ! Ce sera une question de mois…

2023 : Une année investie pour contribuer à l'action sociétale

En 2023, dans la continuité de ce qu'il vient de découvrir, Nicolas observe une transformation rapide de notre société, propulsée par l'émergence des **IA conversationnelles et génératives**. Ces technologies bouleversent la productivité, le rapport au travail, l'innovation, et même les interactions sociales. Elles accélèrent le rythme des changements et posent des défis pressants, nécessitant des réponses adaptées et rapides.

Un constat alarmant dans un monde VICA

Pour nos enfants et les générations futures, les défis à relever dans ce **monde VICA** (Volatilité, Incertitude, Complexité, Ambiguïté) sont nombreux.

La transition vers le monde du travail 4.0 s'accélère à une vitesse impressionnante, portée par la montée en puissance des intelligences artificielles génératives. Selon une étude menée par l'Université d'Oxford, environ **45 % des emplois actuels pourraient être «déplacés» par l'IA d'ici 2033**. Cependant, cela ne signifie pas nécessairement une disparition massive d'emplois : les tâches seront réorganisées, et de nouveaux rôles émergeront en réponse aux besoins d'un environnement technologique en mutation.

En effet, selon une analyse de McKinsey, cette transition pourrait entraîner une **perte d'environ 800 millions d'emplois à l'échelle mondiale**, mais également la création d'environ **940 millions de nouveaux emplois**, générant ainsi un excédent potentiel. Cela souligne l'importance de l'innovation et de la formation pour accompagner cette transformation.

À l'horizon 2030, les projections indiquent que **85 % des emplois qui existeront à cette date restent encore à définir, reflétant l'ampleur des changements en cours. Ces évolutions exigent une réactivité et une adaptabilité sans précédent de la part des travailleurs, des entreprises et des systèmes éducatifs pour préparer aux métiers de demain.

Ces bouleversements, largement influencés par les technologies, impactent aussi d'autres domaines fondamentaux comme par exemple :

- **La géopolitique et l'économie** : avec des phénomènes comme les fake news, la cybersécurité, et le retard européen dans l'adoption des nouvelles technologies.

- **La santé mentale et la jeunesse** : la technologie influence le développement cognitif des jeunes, exacerbant des troubles de la personnalité, des comportements violents, et des addictions.

- **L'environnement et l'éco-anxiété** : 75 % des jeunes trouvent l'avenir «effrayant», une statistique révélatrice du stress environnemental croissant.

Par ailleurs, des liens sont de plus en plus établis entre les **progrès technologiques,** la **crise environnementale,** et certains troubles de **santé mentale.** L'éducation, elle aussi, peine à s'adapter à ces nouveaux enjeux, laissant les jeunes démunis face aux choix d'orientation professionnelle dans un monde en constante mutation.
Ces défis mettent en lumière l'importance cruciale de la **créativité** et de l'**innovation** pour imaginer des solutions audacieuses et adaptées.

10 contributions pour une société équilibrée

Avec Nicolas Pourbaix, un groupe d'experts issus de domaines variés – éducation, santé, technologies et entrepreneuriat – a travaillé sur dix contributions pour répondre à ces défis. Ces propositions ont été examinées par les principaux partis politiques francophones, avec pour objectif d'intégrer ces idées dans les futures politiques publiques.

Les contributions s'articulent autour de quatre grands objectifs :

1. **Réduire les émissions nettes de gaz à effet de serre** d'au moins 55 % d'ici à 2030, tout en combattant l'éco-anxiété et le greenwashing.

2. **Favoriser une santé mentale numérique équilibrée**, sécurisée, et adaptée aux réalités du nouveau monde, en particulier pour les enfants.

3. **Atteindre un taux d'emploi de 80 %**, en aidant la population à aligner ses aspirations profondes sur un avenir confiant et porteur de sens.

4. **Construire un web belge plus sûr** pour les consommateurs et les entreprises, en luttant contre l'inégalité numérique et les menaces à la cybersécurité.

Un consensus politique pour un avenir meilleur

« *Pour faire bouger les lignes et agir, cela passera par un consensus entre tous les partis francophones belges. En effet, dans toutes les idéologies politiques, il y a des leaders visionnaires et influents dont le seul objectif est de construire un monde meilleur pour nos enfants.* » déclare Nicolas.

E-net a organisé un atelier d'échange qui a rassemblé des représentants des principaux partis politiques francophones belges, dont Georges-Louis Bouchez (MR), Jean-Marc Nollet (Écolo), Maxime Prévot (Les

Engagés), Christie Morreale (PS), François De Smet (DéFI), Germain Mugemangango (PTB) et Pierre-Yves Dermagne (PS). Cet événement visait à élaborer un plan d'action concret, avec des engagements précis à intégrer lors de la constitution d'un nouveau gouvernement.

Nicolas Pourbaix a également beaucoup travaillé avec Vincent Lecerf, docteur en IA et expert en métavers, dont les idées ont enrichi les discussions sur les défis et opportunités technologiques à venir. Par ses nombreux échanges, Vincent Lecerf a stimulé et guidé les recherches de Nicolas sur l'impact sociétal des intelligences artificielles, ouvrant de nouvelles perspectives sur la manière dont ces technologies pourraient être utilisées pour le bien commun.

Nicolas souligne l'apport d'Annick Castiaux, physicienne et rectrice de l'Université de Namur (UNamur). Grâce à son expertise et son engagement, Annick a éveillé Nicolas à l'importance croissante de la connectivité dans l'espace, un domaine en pleine expansion qui joue un rôle clé dans l'exploration spatiale, les communications interplanétaires, et l'intégration des systèmes terrestres avec ceux en orbite. L'UNamur, sous la direction d'Annick Castiaux, est un membre actif de l'alliance européenne European Space University for Earth and Humanity (UniversEH), qui reconnaît l'expertise de l'institution dans le domaine du spatial et ouvre des portes à de nouvelles collaborations internationales.

En s'investissant dans ces initiatives sociétales et en collaborant avec des experts visionnaires comme Vincent Lecerf et Annick Castiaux, Nicolas Pourbaix et son équipe démontrent une volonté claire : **construire un futur équilibré et résilient, où technologie et humanité coexistent harmonieusement pour relever les défis d'un monde en mutation.**

Le nouveau rêve entrepreneurial ambitieux

Le 30 janvier 2025, au Théâtre Royal de Namur, Nicolas a organisé un événement intitulé « **Rêves 'Humain' 2025 – 2045** ». Après deux ans de réflexion et de Recherche & Développement, il a annoncé la nouvelle vocation d'E-net. : Agence de transformation stratégique et digitale.

La mission d'E-net. a été redéfinie : accompagner les organisations dans leur transition stratégique et technologique, en maximisant leur impact sociétal tout en garantissant un retour sur investissement (ROI) optimal et des résultats mesurables.

Pour aller plus loin, Nicolas a également présenté son ambition : rendre la transformation stratégique et digitale rapidement accessible au plus grand nombre d'organisations. Par organisation, il entend les associations et ONG, les petites, moyennes et grandes entreprises, les institutions publiques ainsi que les personnalités influentes.

D'ici 2045, son objectif est de faire d'E-net. la **première licorne RSE de Wallonie**, en cumulant 1 milliard de points, mesurés à travers trois axes : performance financière, enchantement des clients et engagement en matière de responsabilité sociétale.

Perspectives du burn out en 2030 - 2035

J'ai pu constater au fil de mes rencontres que le burn out, longtemps considéré comme une problématique individuelle et isolée, s'impose aujourd'hui comme un enjeu global, amplifié par les transformations rapides de nos sociétés. Il affecte un nombre croissant de personnes à travers des secteurs variés, et révèle l'impact profond des mutations professionnelles et personnelles dans un environnement toujours plus complexe et incertain.

Les **projections pour 2030-2035**, basées sur des données de l'**Eurofound***, de l'**OMS**** et de l'**OCDE*****, mettent en lumière une **crise de santé publique majeure**, où le burn out pourrait devenir l'un des principaux défis organisationnels et sociétaux. Ces perspectives révèlent également que le phénomène touche une diversité de groupes, chacun confronté à des pressions et des réalités spécifiques :

- **Entrepreneurs et dirigeants de PME** : Pris entre des responsabilités financières, la gestion d'équipes et les incertitudes économiques, ces leaders sont particulièrement exposés au surmenage.

- **Salariés et managers** : La charge de travail accrue, les délais serrés, et les environnements exigeants rendent ces professionnels vulnérables au stress chronique.

- **Professions spécifiques comme les soignants et enseignants** : Ces métiers essentiels, marqués par une forte charge émotionnelle et des attentes accrues, affichent des taux de burn out préoccupants.

* https://www.eurofound.europa.eu/en/events/protecting-mental-health-diverse-and-ever-changing-workplace-managing-psychosocial-risks

** https://www.who.int/fr/initiatives/decade-of-healthy-ageing

*** https://www.oecd.org/en/publications/2019/05/health-spending-projections-to-2030_f1fd1b32.html

- **Personnalités publiques ou médiatiques** : Soumises à des pressions sociales et médiatiques constantes, elles doivent jongler entre attentes externes et équilibre personnel.

- **Jeunes adultes** : À l'aube de leur carrière, ils font face à des incertitudes économiques et professionnelles, qui amplifient leur risque de stress et d'épuisement.

Face à cette réalité, il devient impératif de reconnaître le **burn out comme un enjeu sociétal majeur**, nécessitant une action collective et coordonnée. Les entreprises, les gouvernements et la société civile devront conjuguer leurs efforts pour prévenir cette **épidémie silencieuse**. Cela implique de **favoriser des environnements de travail équilibrés**, d'intégrer des solutions technologiques respectueuses du bien-être, et de renforcer l'éducation pour mieux préparer les jeunes générations aux défis d'un monde en constante mutation.

Avec une approche proactive et inclusive, il est possible de transformer ce défi en une opportunité pour construire des organisations plus humaines, résilientes et adaptées aux enjeux de demain.

L'urgence d'agir dans un monde en mutation

Avec ses mots, Nicolas Pourbaix, entrepreneur dans le digital et expert en transformation stratégique, insiste sur l'importance d'une action collective et immédiate : « *Dans un monde VICA (Volatile, Incertain, Complexe, Ambigu), où la technologie est omniprésente et le rythme des transformations s'accélère, la transition des métiers et la refonte des modèles économiques feront du burn out un enjeu de santé publique majeur. Nous devons impérativement repenser nos environnements de travail pour conjuguer innovation, performance et bien-être.* »

Cette perspective met en lumière une réalité alarmante : l'inaction face au burn out risque de provoquer des conséquences profondes et durables, touchant aussi bien les individus que les organisations et les systèmes de santé publique. Il devient impératif de réinventer nos approches pour prévenir ce phénomène croissant, en adoptant des solutions à la fois humaines et durables. Voici quelques phénomènes actuels qui illustrent son propos :

L'évolution des risques dans un environnement hyperconnecté

L'**hyperconnectivité**, accélérée par l'expansion du télétravail et des pratiques numériques intensives, devient un facteur de risque majeur. Selon Eurofound, environ **35 % des travailleurs européens** pourraient être exposés à un burn out numérique d'ici 2030, particulièrement dans le secteur tertiaire et chez les jeunes actifs. Notifications constantes, impossibilité de se déconnecter et confusion entre vie privée et professionnelle fragilisent leur équilibre.

Les organisations devront adopter des politiques proactives pour promouvoir une **culture de la déconnexion**, intégrer des outils numériques respectueux du bien-être et encourager des pratiques de travail flexibles mais équilibrées.

Inégalités économiques et santé mentale

Un rapport de l'OCDE révèle que les **inégalités économiques exacerbent les troubles mentaux**. Les travailleurs à bas revenus auront deux fois plus de risques de développer une dépression que ceux à hauts revenus d'ici 2030. La hausse du coût de la vie et un accès limité aux services de soutien psychologique aggraveront ce fardeau pour les populations précaires.

Des programmes inclusifs, tels que des **initiatives de santé mentale gratuites** ou des aides pour les ménages les plus vulnérables, seront essentiels pour répondre à cette fracture sociale.

Les jeunes actifs : une génération en crise

Selon Eurofound, **70 % des jeunes travailleurs européens** (18-34 ans) pourraient souffrir de troubles mentaux d'ici 2030. L'instabilité économique, la précarité de l'emploi et les défis du travail hybride renforcent leur isolement et leur anxiété.
Les entreprises devront mettre en place des **programmes spécifiques** pour cette génération, incluant mentorat, activités inclusives et outils pour stabiliser leur parcours professionnel.

Des absences prolongées aux impacts organisationnels lourds

Les arrêts maladie pour troubles mentaux pourraient augmenter de **40 % d'ici 2030**, selon Eurofound. Ces absences, particulièrement fréquentes dans les secteurs de la santé et de l'éducation, menacent directement la productivité et la pérennité des organisations.

Investir dans la **prévention** via des audits des conditions de travail, une réduction des charges excessives et une formation des managers à la santé mentale sera cruciale.

Un accès insuffisant aux soins de santé mentale

L'OMS estime que la demande en services de santé mentale dépassera de **30 % l'offre disponible** d'ici 2030. La pénurie de professionnels, notamment dans les zones rurales ou économiquement défavorisées, mettra une pression accrue sur les systèmes de santé.

Les entreprises devront compléter ces lacunes en proposant des **plateformes numériques de soutien psychologique** et en intégrant des solutions d'accompagnement interne.

Un enjeu d'inclusion et de santé publique

Au-delà des impacts individuels et organisationnels, le burn out met en lumière des problématiques plus larges, telles que les inégalités sociales, l'accessibilité aux soins, et les dynamiques collectives au sein des organisations. Les projections pour 2030-2035 appellent à une réflexion collective sur la manière de bâtir des environnements de travail inclusifs, résilients et respectueux des diversités, tout en instaurant des cadres clairs pour harmoniser vie professionnelle et vie privée.

Comme l'exprime Nicolas Pourbaix : « *Le bien-être au travail ne peut se construire que dans un cadre structuré, où les règles sont respectées et où l'intérêt collectif prime sur les besoins individuels. Il est essentiel de trouver un équilibre entre l'épanouissement personnel et les responsabilités professionnelles, car c'est ainsi que l'on construit une équipe solide, résiliente et performante. Lorsque chacun respecte le cadre, c'est tout le collectif qui en bénéficie.* »

Si le bien-être doit rester une priorité, il est également crucial de prévenir les dérives qui pourraient fragiliser les dynamiques collectives. Une confusion entre vie privée et vie professionnelle peut engendrer des tensions ou des comportements contre-productifs. En réaffirmant des règles claires et en cultivant une culture de respect mutuel, les organisations peuvent préserver un environnement harmonieux, tout en favorisant la réussite de chacun.

En instaurant un cadre clair et structuré, les organisations ne limitent pas les libertés individuelles, mais offrent à chacun un espace où épanouissement personnel et efficacité collective peuvent coexister. Ce cadre devient un rempart face aux dérives d'un monde hyperconnecté, tout en servant de socle pour des relations professionnelles basées sur la confiance, le respect, et la bienveillance.

Le contexte post-COVID-19 a exacerbé les tensions entre vie professionnelle et privée, rendant d'autant plus urgent de rétablir des repères clairs et équilibrés. Les comportements individualistes ou inadéquats, souvent observés dans cette période de transition, ne sont pas une fatalité. Ils sont une opportunité de réfléchir, d'agir, et de réinventer des pratiques de travail qui valorisent autant l'humain que la performance.

Le défi pour les organisations est de transformer ces comportements isolés en prises de conscience collectives, guidées par des valeurs de respect mutuel et de responsabilité partagée. En cultivant une culture d'équilibre, elles peuvent non seulement prévenir les impacts négatifs des outils numériques et des nouvelles dynamiques professionnelles, mais aussi en faire des leviers de progrès et d'innovation.

En fin de compte, c'est dans cet équilibre, entre cadre structurant et valorisation de l'humain, que réside la clé pour affronter les mutations du monde du travail tout en construisant des environnements où chacun trouve sa place et sa raison d'être.

BURN OUT

Diagnostic P-quid® Risk en 10 questions

Dans un monde professionnel de plus en plus complexe et exigeant, la prévention des risques psychosociaux devient une priorité pour les organisations et les individus. **P-quid® Risk**, issu des dernières avancées en neurosciences, se positionne comme un outil novateur et prédictif pour répondre à ces enjeux. Conçu pour détecter les signes avant-coureurs de burn out, de surcharge émotionnelle ou de perte de sens, ce diagnostic aide à comprendre les dynamiques individuelles et organisationnelles qui influencent le bien-être.

En identifiant quatre profils types — les perfectionnistes, les altruistes, les créatifs et les super performants —, cet outil permet de mieux cerner les forces et les vulnérabilités de chacun. L'objectif consiste à vous fournir une base solide pour agir en amont, prévenir les situations de crise, et promouvoir un environnement de travail équilibré, épanouissant et durable.

Que vous soyez dirigeant, salarié, ou indépendant, ce diagnostic vous offre l'opportunité d'entamer une réflexion approfondie sur vos pratiques, vos besoins, et vos aspirations. Il s'agit d'un levier puissant pour favoriser votre bien-être personnel et collectif tout en boostant votre performance.

Comme l'affirme Nicolas Pourbaix : « *Comprendre nos zones de performance et de vulnérabilité, c'est le premier pas pour libérer tout notre potentiel. P-quid® Risk n'est pas seulement un outil de prévention, c'est un guide pour transformer les défis en opportunités, tant pour les individus que pour les organisations.* »

Alors, osez faire le premier pas. Utilisez P-quid® Risk comme une boussole pour tracer votre chemin vers un avenir plus équilibré, épanouissant et performant. L'avenir de votre bien-être commence ici : **répondez aux 10 questions énoncées dans les pages qui suivent**. Elles vous permettront de détecter à quel(s) profil(s) vous correspondez le plus, et quelles pratiques mettre en œuvre pour prévenir les éventuels risques de burn out. Libre à vous également de partager cet outil avec votre entourage (collaborateurs, famille, amis,…).

Profil Risk 1 : Perfectionnistes

Les perfectionnistes visent des normes de qualité extrêmement élevées, à la fois pour eux-mêmes et pour leur entourage professionnel. Leur quête de perfection se traduit souvent par une autocritique intense et un stress constant, surtout lorsque leurs attentes, parfois irréalistes, ne sont pas atteintes. Ce besoin incessant d'excellence peut mener à une surcharge mentale, une perte de motivation, et un risque accru de burn out, particulièrement en cas d'absence de reconnaissance.

- **Signes de fragilité** : Insatisfaction chronique, difficulté à déléguer, pression constante.
- **Atouts potentiels** : Grande capacité d'analyse, souci du détail, forte exigence de qualité.

1. Comment définiriez-vous vos attentes en matière de qualité pour vos performances et celles des autres ?

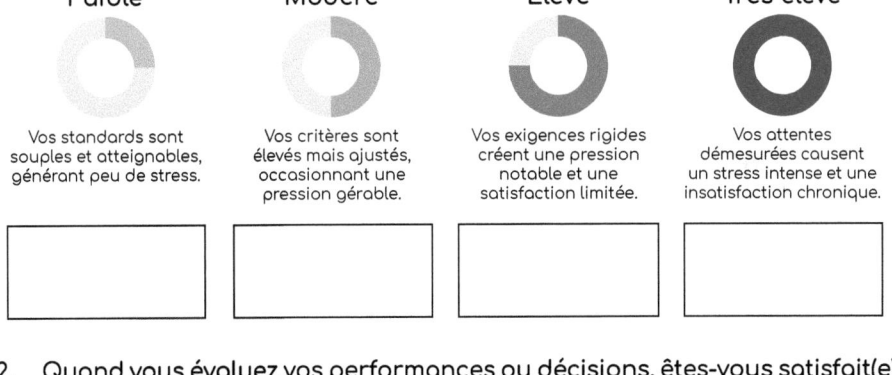

2. Quand vous évaluez vos performances ou décisions, êtes-vous satisfait(e) ou vous concentrez-vous sur ce qui aurait pu être mieux réalisé ?

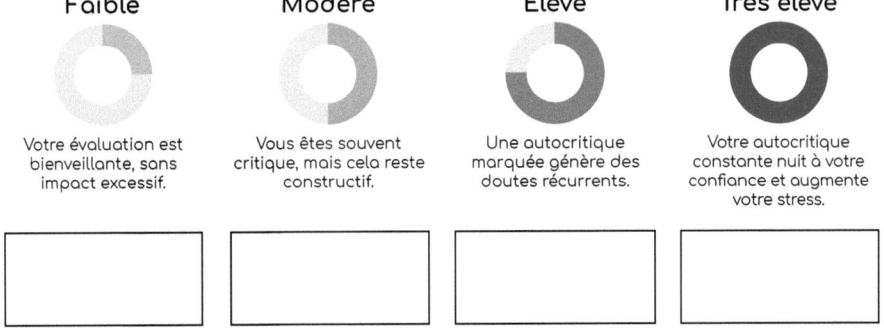

3. Comment évaluez-vous vos objectifs personnels ou professionnels ?

Faible	Modéré	Élevé	Très élevé
Vos objectifs sont réalistes et alignés avec vos capacités.	Vos ambitions sont parfois exigeantes mais restent atteignables.	Vos objectifs souvent irréalistes créent des sentiments d'échec récurrents.	Vos objectifs inatteignables génèrent une pression excessive et constante.

Dans le cas où la majorité de vos réponses étaient « **élevé** » ou « **très élevé** » pour ces 3 questions 'Profil Risk 1 : Perfectionniste', vous êtes probablement **à risque élevé** de développer du stress chronique, un burnout ou une perte de sens liés à votre tendance à :

1. **Fixer des standards extrêmement élevés** (Exigence élevée), ce qui génère une pression constante.
2. **Vous autocritiquer de manière sévère** (Autocritique), diminuant votre confiance en vous et accentuant votre stress.
3. **Définir des objectifs souvent irréalistes** (Objectifs démesurés), entraînant frustration et insatisfaction

Profil associé

Vous appartenez à un profil perfectionniste, ce qui peut être une force dans certains contextes, mais qui, sans gestion proactive, risque de nuire à votre bien-être et à votre équilibre.

Recommandations

Pour prévenir ces risques :

- **Identifiez vos priorités** : Concentrez vos efforts sur les tâches les plus significatives.
- **Apprenez à accepter l'imperfection** : Fixez des objectifs réalistes et atteignables.
- **Adoptez une auto-évaluation bienveillante** : Valorisez vos réussites et relativisez vos échecs.
- **Pratiquez des stratégies de gestion du stress** : Méditation, pauses régulières, et activités qui vous apportent du plaisir et de l'énergie.

Si vous reconnaissez ces traits en vous, un accompagnement personnalisé peut vous aider à transformer vos habitudes et à trouver un équilibre entre performance et bien-être.

Profil Risk 2 : Altruistes

Les altruistes trouvent leur épanouissement dans le soutien et l'aide qu'ils apportent aux autres. Leur profonde empathie les pousse souvent à s'investir pleinement dans les préoccupations de leur entourage. Cependant, cette dévotion peut les conduire à négliger leurs propres besoins, à éprouver une surcharge émotionnelle, et à s'épuiser rapidement, surtout en l'absence de limites claires ou de reconnaissance.

- **Signes de fragilité** : Difficulté à poser des limites, fatigue émotionnelle, manque de temps pour soi.
- **Atouts potentiels** : Forte empathie, aptitude à créer des liens, capacité à mobiliser les autres.

4. Dans quelle mesure êtes-vous affecté(e) par les émotions des autres au point d'influencer votre propre énergie ?

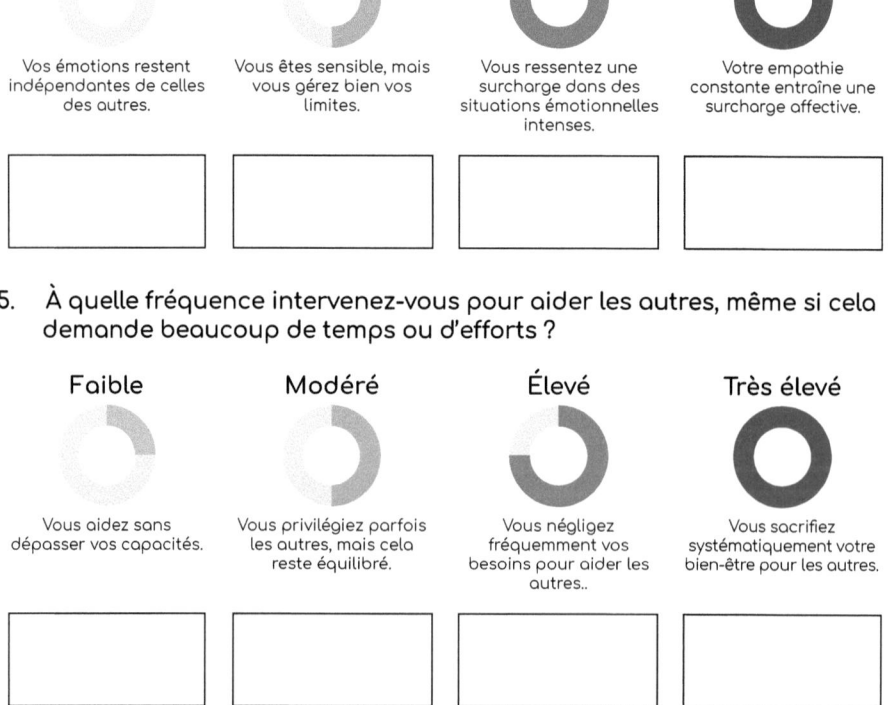

Faible	Modéré	Élevé	Très élevé
Vos émotions restent indépendantes de celles des autres.	Vous êtes sensible, mais vous gérez bien vos limites.	Vous ressentez une surcharge dans des situations émotionnelles intenses.	Votre empathie constante entraîne une surcharge affective.

5. À quelle fréquence intervenez-vous pour aider les autres, même si cela demande beaucoup de temps ou d'efforts ?

Faible	Modéré	Élevé	Très élevé
Vous aidez sans dépasser vos capacités.	Vous privilégiez parfois les autres, mais cela reste équilibré.	Vous négligez fréquemment vos besoins pour aider les autres..	Vous sacrifiez systématiquement votre bien-être pour les autres.

6. Mettez-vous souvent vos propres besoins de côté pour répondre aux attentes des autres ?

Faible	Modéré	Élevé	Très élevé
Vous aidez tout en respectant vos priorités personnelles.	Vous privilégiez parfois les autres, mais cela reste équilibré.	Vous négligez fréquemment vos besoins pour aider les autres.	Vous sacrifiez systématiquement votre bien-être pour les autres.

Dans le cas où la majorité de vos réponses étaient « **élevé** » ou « **très élevé** » pour ces 3 questions 'Profil Risk 2 : Altruistes', vous êtes probablement **à risque élevé de surcharge émotionnelle, d'épuisement et de perte de sens**. Cela indique une tendance marquée à :

1. **Ressentir profondément les émotions des autres** (Grande empathie), ce qui peut entraîner une surcharge affective.
2. **Vous impliquer fortement dans le soutien des autres** (Envie d'aider), au point de dépasser vos propres limites.
3. **Négliger systématiquement vos propres besoins** (Tendance à s'oublier pour les autres), ce qui vous expose à l'auto-sacrifice et à l'épuisement.

Profil associé

Vous appartenez au profil altruiste, caractérisé par un profond désir d'aider et de soutenir, mais avec une vulnérabilité accrue face au burnout et à la perte de sens si un équilibre personnel n'est pas maintenu.

Risques principaux

- **Surcharge émotionnelle** : Accumulation de stress liée à une empathie excessive et une implication émotionnelle constante.
- **Épuisement physique et psychologique** : Résultat de l'oubli systématique de vos propres besoins.
- **Perte de sens** : Frustration et vide émotionnel en raison d'un sentiment de non-reconnaissance ou d'inefficacité perçue.

Recommandations

- **Apprenez à dire non** : Posez des limites claires pour éviter l'épuisement.
- **Recentrez-vous sur vos besoins** : Prenez soin de vous en priorité pour pouvoir mieux aider les autres.
- **Fixez des objectifs réalistes** : Évitez de vous sentir responsable de tout et de tous.
- **Développez des pratiques de gestion émotionnelle** : Méditation, respiration profonde, ou autre technique qui vous aide à maintenir votre équilibre.
- **Créez un espace de ressourcement** : Aménagez du temps et un lieu pour vous détendre et récupérer.

Ce profil peut être une grande force lorsqu'il est équilibré, mais il nécessite une vigilance particulière pour éviter les dérives liées à l'auto-sacrifice. Un accompagnement personnalisé ou des stratégies de prévention pourraient vous aider à trouver un équilibre durable entre votre envie d'aider et votre bien-être personnel.

Profil Risk 3 : Créatifs

Les créatifs s'épanouissent dans des environnements favorisant l'innovation et la liberté d'expression. Ils ont un besoin profond d'explorer de nouvelles idées et de proposer des solutions originales. Toutefois, leur motivation peut être rapidement étouffée par des environnements trop rigides ou par un manque de reconnaissance pour leurs contributions. Cela peut entraîner une frustration, une perte d'élan, et un désengagement progressif.

- **Signes de fragilité** : Frustration face à des environnements restrictifs, baisse de motivation, sentiment d'inutilité.
- **Atouts potentiels** : Innovation, pensée divergente, capacité à inspirer les autres.

7. Dans quelle mesure ressentez-vous le besoin d'explorer des approches innovantes dans votre travail ?

Faible	Modéré	Élevé	Très élevé
Vous êtes satisfait(e) avec des méthodes établies.	Vous appréciez l'innovation tout en restant pragmatique.	Vous privilégiez des environnements qui valorisent la créativité.	Vous êtes frustré(e) dans des environnements rigides, cherchant constamment des solutions nouvelles.

8. Avez-vous besoin d'autonomie et de flexibilité pour vous sentir épanoui(e) et productif(ve) ?

Faible	Modéré	Élevé	Très élevé
Vous êtes à l'aise dans des cadres structurés.	Vous appréciez une certaine liberté tout en respectant un cadre.	Vous préférez les environnements où l'autonomie est valorisée.	Vous ressentez une frustration intense dans les environnements contraignants.

Dans le cas où la majorité de vos réponses étaient « élevé » ou « très élevé » pour ces 2 questions 'Profil Risk 3 : Créatifs', vous êtes probablement à **risque élevé de frustration, de démotivation, et de perte de sens**. Cela indique une tendance marquée à :

1. **Ressentir un fort besoin d'innovation** (Besoin d'innovation), avec une insatisfaction rapide dans des environnements routiniers ou qui manquent de créativité.
2. **Rechercher une autonomie élevée** (Recherche de liberté), au point de ressentir une frustration importante face à des contraintes strictes ou un manque de flexibilité.

Profil associé

Vous appartenez au **profil créatif**, caractérisé par une grande soif d'innovation et une forte valorisation de la liberté. Ces qualités sont de véritables atouts dans des contextes qui favorisent l'expression créative, mais elles augmentent votre vulnérabilité dans des environnements rigides ou limités.

Risques principaux

- **Frustration accrue** : Limitations constantes à l'expression de vos idées ou à l'expérimentation.

- **Perte de sens** : Désengagement progressif si votre créativité et votre autonomie ne sont pas reconnues ou valorisées.

- **Démotivation** : Sentiment de stagnation dans des environnements trop structurés ou manquant de stimulation.

Recommandations

- **Créez des opportunités pour innover** : Impliquez-vous dans des projets ou initiatives qui permettent d'explorer votre créativité.

- **Communiquez vos besoins** : Partagez avec votre entourage professionnel votre besoin de liberté et d'espaces pour exprimer vos idées.

- **Intégrez des pauses créatives** : Pratiquez des activités qui stimulent votre imagination et réduisent la frustration (dessin, écriture, musique, etc.).

- **Recherchez des environnements flexibles** : Orientez-vous vers des contextes qui favorisent l'autonomie et valorisent l'innovation.

- **Encouragez des collaborations interdisciplinaires** : Participez à des projets inter-départements pour nourrir votre créativité et élargir vos perspectives.

- **Fixez des objectifs réalistes** : Évitez de mettre trop de pression sur vos projets créatifs pour préserver votre motivation et votre bien-être.

Ce profil peut être une immense force dans les bons environnements, mais il nécessite une attention particulière pour prévenir la frustration et maintenir votre enthousiasme. Un accompagnement personnalisé ou des ajustements dans votre cadre de travail peuvent vous aider à tirer pleinement parti de votre potentiel créatif.

Profil Risk 4 : Super performants (Workaholics)

Les super performants, ou workaholics, investissent massivement leur temps et leur énergie dans leur travail, souvent au détriment de leur vie personnelle. Leur quête de performance les pousse à dépasser constamment leurs limites, mais cette dynamique peut rapidement se transformer en dépendance au travail, les exposant à un risque élevé de burn out. Ils rencontrent souvent des difficultés à se déconnecter ou à trouver satisfaction dans leurs accomplissements.

- **Signes de fragilité** : Difficulté à s'arrêter, fatigue chronique, perte de sens.
- **Atouts potentiels** : Forte productivité, persévérance, aptitude à relever des défis complexes..

9. Travaillez-vous souvent au-delà des heures standards, et trouvez-vous difficile de déconnecter ?

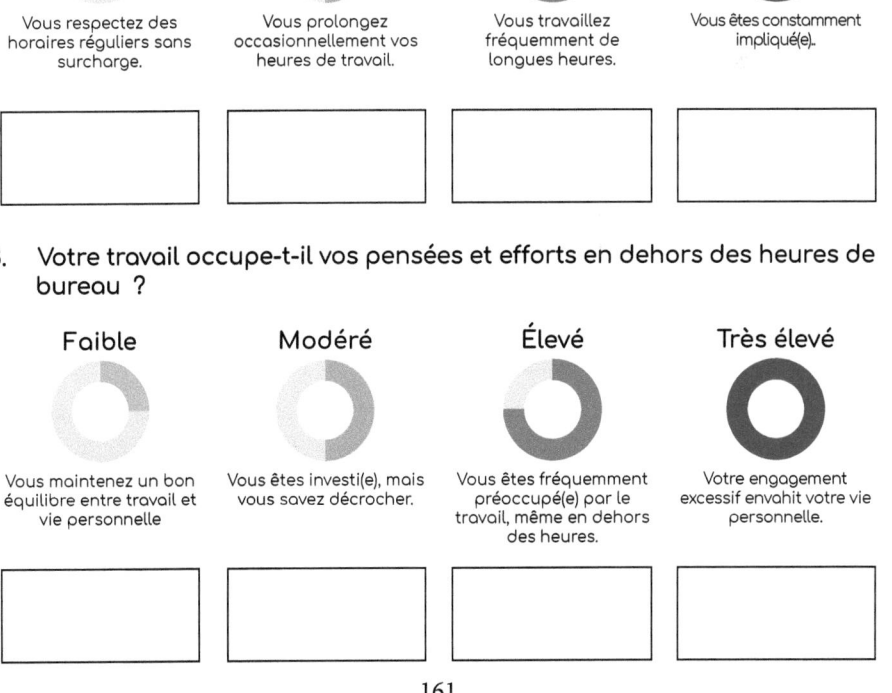

Faible	Modéré	Élevé	Très élevé
Vous respectez des horaires réguliers sans surcharge.	Vous prolongez occasionnellement vos heures de travail.	Vous travaillez fréquemment de longues heures.	Vous êtes constamment impliqué(e).

8. Votre travail occupe-t-il vos pensées et efforts en dehors des heures de bureau ?

Faible	Modéré	Élevé	Très élevé
Vous maintenez un bon équilibre entre travail et vie personnelle	Vous êtes investi(e), mais vous savez décrocher.	Vous êtes fréquemment préoccupé(e) par le travail, même en dehors des heures.	Votre engagement excessif envahit votre vie personnelle.

Dans le cas où la majorité de vos réponses étaient « **élevé** » ou « **très élevé** » pour ces 2 questions 'Profil Risk 4 : Super performants (Workaholics)', vous êtes probablement **à risque élevé d'épuisement, de déséquilibre personnel, et de perte de sens**. Cela indique une tendance marquée à :

1. **Investir de manière excessive dans votre travail** (Investissement intense), ce qui peut empiéter sur votre vie personnelle et entraîner une surcharge mentale et émotionnelle.
2. **Travailler de longues heures sans interruption** (Longues heures), au point de compromettre votre énergie et votre santé sur le long terme.

Profil associé

Vous appartenez au **profil super performant ou workaholic**, caractérisé par un engagement intense au travail et un fort attachement aux résultats. Ces qualités peuvent être des atouts dans des contextes exigeants, mais elles augmentent considérablement votre vulnérabilité au burnout si un équilibre n'est pas maintenu.

Risques principaux

- **Épuisement physique et mental** : Conséquence directe d'un rythme de travail soutenu et d'une absence de repos suffisant.
- **Déséquilibre vie professionnelle-personnelle** : Négligence des relations personnelles et des activités de détente.
- **Perte de sens** : Frustration et vide émotionnel si les efforts ne mènent pas à la satisfaction espérée.

Recommandations

- **Fixez des limites claires sur vos horaires** : Déterminez des heures précises pour arrêter de travailler afin de préserver votre énergie et d'éviter la surcharge.
- **Apprenez à vous déconnecter** : Réservez des moments dédiés à votre bien-être personnel, en coupant totalement avec vos obligations professionnelles.
- **Prenez des pauses régulières** : Intégrez des moments de repos tout au long de la journée pour recharger votre énergie et améliorer votre productivité.
- **Redéfinissez vos priorités** : Identifiez les tâches essentielles et déléguez ou éliminez celles qui sont moins importantes pour réduire votre charge de travail.
- **Adoptez des rituels de fin de journée** : Créez des routines pour marquer la fin de votre journée de travail et faciliter la transition vers votre vie personnelle..
- **Évaluez votre dépendance à la performance** : Réfléchissez à ce qui motive votre besoin de performance et cherchez à équilibrer vos objectifs professionnels avec vos besoins personnels.

Ce profil peut être une force puissante pour atteindre des objectifs ambitieux, mais il nécessite une attention particulière pour éviter l'épuisement. En adoptant des stratégies de prévention et en cherchant un équilibre, vous pouvez maintenir une performance élevée tout en protégeant votre bien-être et votre satisfaction personnelle.

BURN OUT

Trouver ton équilibre

La chanson *Trouver ton équilibre*, réalisée par Nicolas avec l'assistance d'AERIA, l'écosystème d'intelligences artificielles innovant développé par son agence E-net, est le dernier titre de l'album **Rêves de l'Humain**, publié en accompagnement de ce livre.
Cette œuvre musicale explore la quête de stabilité émotionnelle et mentale dans un monde où les pressions sociales, professionnelles et personnelles peuvent entraîner des déséquilibres. Les paroles reflètent des aspects spécifiques de cette recherche d'équilibre et proposent des pistes concrètes pour y parvenir.
Directement inspirée de P-quid® Risk, cette chanson met en lumière les défis et les solutions liés à la prévention des risques psychosociaux. Disponible sur toutes les plateformes de streaming, **Trouver ton équilibre** invite chacun à réfléchir à son propre bien-être.

Cette chanson est disponible sur toutes les plateformes de streaming.
Accédez-y facilement en scannant ce QR code :

Album: **Rêves de l'Humain**
Artiste : **Nico-du-Web**

Paroles: **Nicolas et aeria**
Musique: **Alexandre, Nicolas et aeria**
Production: **Florent, Lucas et aeria**

Paroles et le sens résumé de la chanson «Trouver ton équilibre» :

Couplet 1
Ils disent que le silence est roi,
Mais dans nos cœurs, le chaos bat.
Une épidémie qu'on ne voit pas,
Un poids sur l'âme qu'on porte déjà.

Sens :
Ces lignes introduisent la thématique d'une «épidémie silencieuse», illustrant comment les troubles mentaux sont souvent invisibles mais profondément ressentis. Le «poids sur l'âme» représente le stress, l'anxiété et les attentes sociales.

Les jeunes se perdent dans l'exigence,
Entre pression et indifférence.
Le monde avance, mais à quel prix ?
Si nos esprits s'effacent dans l'oubli.

Sens :
Cette strophe met en lumière les pressions extrêmes sur les jeunes générations : exigences professionnelles, indifférence au bien-être personnel et collectif, et le risque de perdre leur identité ou leur santé mentale dans un système oppressant.

Refrain
Trouver ton équilibre, sous les étoiles fragiles,
Soigner ces quatre axes, pour une vie plus docile.
De la quête de la perfection, au don de l'altruisme,
Écoute ton cœur, trouve ton prisme.

Sens :
Le refrain est un appel à chercher un équilibre personnel en travaillant sur les «quatre axes» des profils de risques (perfectionnistes, altruistes, créatifs, super performants). Il suggère que chacun peut trouver son propre chemin (prisme) en écoutant ses besoins intérieurs.

Couplet 2
Les perfectionnistes cherchent la lumière,
Dans un ciel où l'erreur n'a pas d'air.
Autocritique, ils se consument,
À la recherche d'un feu qu'ils allument.

Sens :
Ce passage évoque les perfectionnistes, qui, en quête d'un idéal inatteignable, se retrouvent pris dans un cycle de stress et d'autocritique. Leur «ciel sans erreur» illustre leur intolérance à l'échec.

Les altruistes, cœur grand ouvert,
Portent les peines comme un désert.
Mais à force d'oublier leurs besoins,
Ils s'épuisent dans un destin incertain.

Sens :
Cette strophe parle des altruistes, dont le dévouement sans limites finit par les épuiser. Le «désert» symbolise leur solitude émotionnelle lorsqu'ils négligent leurs propres besoins..

BURN OUT

Pont
Pour les créatifs aux âmes en feu,
Qui brillent dans des rêves lumineux.
Ne laisse pas les chaînes étouffer,
Ta soif d'inventer, de tout bouleverser.

Sens :
Le pont célèbre les créatifs, des individus innovants mais souvent frustrés dans des environnements trop rigides. Leur «feu» est une métaphore pour leur passion, qui ne doit pas être étouffée par des contraintes.

Et toi, super performant,
Arrête un peu, vis l'instant.
La vie n'est pas qu'un podium doré,
Mais un souffle, un rire, une paix à trouver.

Sens :
Ici, les super performants sont invités à ralentir et à apprécier la vie au-delà de leurs accomplissements professionnels. Le «podium doré» représente leurs ambitions, mais le texte leur rappelle qu'ils peuvent trouver du sens dans la simplicité.

Outro
Alors prends le temps, respire un instant,
Regarde le monde, sois indulgent.
Trouver ton équilibre, ce n'est pas un combat,
C'est un voyage, un choix, un pas..

Sens :
L'outro conclut sur une note apaisante, rappelant que la quête de l'équilibre n'est pas une lutte violente mais une progression douce et continue. L'accent est mis sur l'importance de la bienveillance envers soi-même.

Une quête de sens pour un avenir équilibré

Ce livre est le fruit d'une introspection profonde, d'une réflexion nourrie par des expériences personnelles intenses, et d'un désir sincère de contribuer à un monde plus équilibré. À travers les pages de ce récit, j'ai souhaité partager des leçons de vie, des découvertes, et des outils qui, je l'espère, vous auront aidé à mieux comprendre les défis du burn out et, surtout, à entrevoir des solutions pour y faire face.

Je tiens à exprimer ma profonde gratitude à Nicolas Pourbaix pour son courage et sa sincérité lors des longues soirées d'interview passées ensemble, et pendant mes séances d'écriture. Partager une histoire aussi personnelle et pleine d'enseignements demande une humilité et une volonté rares. En ouvrant les portes de son parcours, Nicolas a non seulement offert une source d'inspiration, mais aussi un guide précieux pour tous ceux qui traversent des périodes similaires.

Je remercie également toutes les personnes qui ont enrichi ce récit par leurs témoignages et leurs expertises : la famille de Nicolas, ses collaborateurs chez E-net. (Anciennement E-net Business), ainsi que les spécialistes en santé mentale, en ressources humaines, et bien d'autres encore. Chacun, à sa manière, parfois sans même s'en rendre compte, a contribué à faire de ce livre un outil à la fois humain et éclairant.

Enfin, à vous, lecteurs, merci de m'avoir accompagné dans cette réflexion. Que ce livre soit une source d'inspiration, un soutien ou simplement une invitation à vous reconnecter à vos valeurs et à prendre soin de vous et des autres. Ensemble, nous pouvons bâtir un avenir où résilience, bienveillance et équilibre guideront nos actions.

Donner du sens à l'action : un fil conducteur intemporel

À Lustin, là où tout a commencé pour Nicolas et moi-même, notre passion pour le WEB, sa passion pour la guitare et notre goût pour l'innovation se sont forgés dans un environnement empreint de simplicité et de connexion humaine. Pour lui, jouer de la guitare était une manière d'exprimer ses émotions, de transformer le chaos en mélodie, et de trouver un sens à ce qu'il vivait. Aujourd'hui encore, cette quête de sens reste au cœur de tout ce qu'il entreprend, qu'il s'agisse de diriger une entreprise ou de sensibiliser aux impacts sociétaux des technologies numériques.

Ce sens, Nicolas le trouve également dans l'humain, dans la loyauté et dans le respect. Ces valeurs, qui ont jalonné son parcours, l'ont aidé à rebondir après chaque chute. Elles lui ont appris que « réussir » ne signifie pas « être invincible », mais « savoir se relever, bâtir des relations solides et agir avec bienveillance envers soi-même et envers les autres ».

L'humain au centre : un engagement pour le collectif

Dans un monde marqué par la volatilité, l'incertitude, la complexité et l'ambiguïté, Nicolas incarne une conviction forte : il est essentiel de replacer l'humain au cœur des priorités. Chaque individu fait face à des pressions spécifiques. Mais une chose nous unit tous : le besoin d'un cadre bienveillant et structuré, où chacun peut s'épanouir. Nicolas appelle à bâtir des environnements inclusifs et résilients, où l'équilibre entre vie professionnelle et personnelle est préservé, et où les valeurs de respect et de loyauté ne sont jamais compromises.

Un message pour chacun de vous

Ce livre n'a pas vocation à apporter des réponses toutes faites, mais à ouvrir des pistes de réflexion et, je l'espère, à inspirer chacun d'entre vous. Que vous soyez entrepreneur en quête de sens, salarié cherchant à équilibrer vos priorités, étudiant plein de rêves, ou simplement curieux, ce récit est une invitation à prendre soin de vous et à trouver votre propre mélodie, celle qui guidera vos pas vers un avenir plus harmonieux.

- À vous, **entrepreneurs et dirigeants de PME**, ce livre est un appel à prendre soin de vous, car votre résilience est le moteur de vos organisations.

- À vous, **salariés et managers**, c'est une invitation à reconnaître vos limites et à cultiver un bien-être collectif.

- Aux **professions spécifiques souvent touchées par le burn out**, comme les soignants et enseignants, c'est un témoignage de solidarité et de reconnaissance.

- Aux **personnalités publiques et médiatiques**, c'est un rappel de l'importance de trouver un équilibre entre votre rôle social et votre bien-être personnel.

Aux consultants, dirigeants d'organisations, indépendants, et professions libérales, c'est un outil pour repenser vos pratiques, et à vous, jeunes adultes et grand public, c'est une boussole pour naviguer dans un monde où la pression est omniprésente.

En quête d'un avenir harmonieux

En écrivant ce livre, je ne cherchais pas seulement à partager mon histoire et celle de Nicolas, mais à allumer une étincelle, celle d'un changement possible. Que ce soit en jouant une mélodie sur une guitare, en innovant dans le digital, ou en réaffirmant des valeurs humaines, il est toujours possible de transformer nos défis en opportunités.

J'espère que ce livre vous aura inspiré, que vous soyez à un carrefour de votre vie, en quête de solutions, ou simplement curieux d'en apprendre davantage. Que cette lecture vous accompagne dans votre parcours, vous apporte des clés pour affronter vos propres défis, et, surtout, vous rappelle que vous n'êtes pas seul(e) dans cette quête de sens !

Ensemble, construisons un monde où innovation, bien-être, et humanité coexistent harmonieusement.

Sacha PEIFFER

Complétez l'expérience en écoutant l'album « Rêves de l'Humain »

Rêves de l'Humain et le livre **BURN OUT** partagent une essence commune : explorer les profondeurs de l'expérience humaine, célébrer la résilience et offrir des clés pour transformer les défis en opportunités. Tandis que ***BURN OUT*** met en lumière les luttes personnelles de Nicolas Pourbaix face à l'épuisement professionnel, l'album *Rêves de l'Humain* prolonge cette réflexion à travers des mélodies et des paroles qui touchent le cœur.

Réalisé avec l'assistance de **AERIA**, l'écosystème d'intelligences artificielles innovant d'E-net., cet album s'inscrit dans la continuité du message du livre : sensibiliser aux enjeux de la santé mentale, encourager l'équilibre entre vie personnelle et professionnelle, et célébrer les moments de lumière au milieu des épreuves. Les chansons, inspirées par des thématiques comme l'amour familial, le dépassement de soi, et l'importance des valeurs, résonnent avec les enseignements et récits partagés dans *BURN OUT*.

Chaque morceau, qu'il s'agisse de *Lucie, lumière de nos vies*, célébrant les liens familiaux comme ancrage face à l'adversité, ou *Trouver ton équilibre*, inspiré du diagnostic **P-quid® Risk**, invite à une réflexion profonde sur nos priorités, nos forces, et nos vulnérabilités.

Ensemble, le livre ***BURN OUT*** et l'album *Rêves de l'Humain* offrent une double expérience : l'une introspective, portée par les mots et les récits, et l'autre immersive, portée par la musique. Ils rappellent que, malgré les turbulences de la vie, il est toujours possible de se relever, de rêver, et de trouver son propre équilibre.

Plongez dans *Rêves de l'Humain* et laissez la musique vous guider dans un voyage empreint d'espoir, d'humanité, et de transformation, en écho aux messages universels de *BURN OUT*.

L'album *Rêves de l'Humain* a pris forme avec l'assistance de l'écosystème d'intelligences artificielles innovant d'E-net., nommé **AERIA**. Ce système avancé, conçu pour transformer les défis organisationnels en opportunités stratégiques, devient le moteur du projet. Deux composants d'**AERIA** :

- **AERIA Multimodal Intelligence** : Un système d'IA de pointe capable de créer des contenus variés et complexes dans des contextes multiples.
- **AERIA Music & Sound Creation** : Un outil spécialisé dans la composition musicale, utilisant des modèles avancés de Deep Learning pour générer des mélodies et des arrangements uniques.

Disponible dès aujourd'hui sur toutes les plateformes de streaming.

Découvrez l'album
Rêves de l'Humain
en scannant
ce QR Code :

Album: **Rêves de l'Humain**
Artiste : **Nico-du-Web**

Paroles: **Nicolas et aeria**
Musique: **Alexandre, Nicolas et aeria**
Production: **Florent, Lucas et aeria**